PETER MICHAEL DIECKMANN

Kampfkunst des Herzens

Liebe A[illegible]

Du bist jetzt
wieder Tänzerin
und baust
Brücken
zwischen Himmel
+ Erde!

P[illegible]

GOLDMANN
Lesen erleben

Buch

Wir alle kennen schwierige Lebensphasen, in denen uns ein scharfer Gegenwind das Leben schwer zu machen scheint, und Phasen, in denen uns ein freundlicher Rückenwind bestärkt und das Leben leicht macht. Beides als gleichermaßen wichtig anzunehmen und wie einen Austausch von Geben und Nehmen zu bejahen, ist das Geheimnis eines erfüllten Lebens – nur leicht fällt uns das nicht. Peter Michael Dieckmann vereint in sich sowohl die Erfahrung als harter Kerl bei der Kriminalpolizei als auch als achtsamer Reiki-Meister und Seminarleiter. Er gibt Rat, wie wir für uns sorgen können, wenn das Leben uns angreift. Die Idee der östlichen Kampfkünste überträgt er auf die Situation unseres Lebenskampfes – und zeigt, wie aus den angreifenden Energien ein »Tanz der Energien« wird, aus dem wir mit Selbstachtung und Dankbarkeit hervorgehen.

Autor

Peter Michael Dieckmann, 1961 in Duisburg geboren, ist Hauptkommissar bei der Kriminalpolizei und war viele Jahre Zielfahnder. Als »harter Junge« eines Mobilen Einsatzkommandos zählten für ihn nur Fakten, mitunter sogar die Fäuste. Zu seiner eigenen Überraschung entdeckte er in Reiki-Seminaren die eigene Sensibilität. Heute veranstaltet Peter Michael Dieckmann als Reikilehrer Seminare und Workshops. Er wohnt mit seiner Frau Karina im Ruhrgebiet.

Von Peter Michael Dieckmann ist bei Goldmann außerdem lieferbar:
Ich bin berührt – Reiki oder die Schule des Lebens (21807)

Peter Michael Dieckmann

Kampfkunst des Herzens

Wie wir emotionale Angriffe ins Positive wenden

GOLDMANN

MIX
Papier aus verantwortungsvollen Quellen
FSC® C014496

Verlagsgruppe Random House FSC® N001967
Das für dieses Buch verwendete FSC-zertifizierte Papier
München Super liefert Arctic Paper Mochenwangen GmbH.

1. Auflage

Originalausgabe Juni 2013

Umschlaggestaltung: Uno Werbeagentur
Umschlagmotiv: Finepic®, München
WL · Herstellung: cb
Satz: Fotosatz Amann, Aichstetten
Druck: GGP Media GmbH, Pößneck
Printed in Germany
ISBN 978-3-442-22027-4

www.goldmann-verlag.de

Für Christoph, meinen besten Freund

Dojo, japanisch: Übungsraum (*do* = Weg, *jo* = Raum)

»Der wahre Übungsraum, so lehren es die Meister, ist derjenige, den der Kampfkünstler in seinem Herzen errichtet.«
Aus: *Die Kunst zu siegen, ohne zu kämpfen*

Inhalt

Einführung

»Die Fische werden das Wasser
wohl als Letztes entdecken.«
Albert Einstein

Kehr um – Energierichtungen

Es gibt eine universelle Kraft, die alles in Bewegung hält. Sie ist der Antrieb des Lebens. Sie lässt die Winde wehen und das Wasser fließen. Mal wirkt die Kraft ruhig und gleichmäßig, mal aufwühlend und stürmisch. So wechselhaft wie die Bewegung von Wind und Wasser ist auch unser Leben. Manchmal erleben wir ruhige und manchmal stürmische Zeiten. Wir erfahren Leid und Verletzung ebenso wie Freude und Heilung. Die universelle Kraft hält auch unser Leben in Bewegung.

Gegen die Kraft selbst können wir nichts ausrichten. Wir können sie weder aufhalten noch verändern. Niemand kann aus stürmischen Zeiten ruhige und aus ruhigen Zeiten stürmische machen. Doch können wir die Richtung beeinflussen, in der die Kraft durch unser Leben fließt. Wir können bestimmen, ob die Kraft *gegen* uns oder *für* uns fließt. In der

Gegenrichtung kommt die Kraft auf uns zu, sie konfrontiert uns. Dann fühlen wir uns angegriffen und gefährdet, spüren sozusagen Gegenwind. In der »gebenden« Richtung fließt die Kraft von uns weg, sie wirkt *für* uns. In diesen Fällen fühlen wir uns angeschoben und unterstützt, spüren Rückenwind.

Ein Kampfkünstler leitet die Energie, die von einem Gegner ausgeht und in gefährlicher Weise auf ihn zukommt, in die Richtung des Angreifers um. Er macht dessen Energie zu seiner eigenen und bringt sie auf diese Weise in Einklang mit sich selbst. Die Kraft, die ihn gefährdet, wird zu der Kraft, die ihn verteidigt. Die Energie selbst ist neutral, sie ist weder für noch gegen ihn. Allein die Richtung der Energie entscheidet über sein Wohl und Wehe.

Die Überwältigung eines Gegners ist dabei nur vordergründiges Ziel. Der äußere Kampf mit dem anderen Menschen steht symbolisch für den inneren Kampf mit den Gedanken und Gefühlen. Je weiter der Kämpfer auf seinem körperlichen Übungsweg fortschreitet, desto besser wird es ihm gelingen, seine Gedanken und Emotionen zu harmonisieren. Sinn jeder Kampfkunst ist die persönliche und spirituelle Entwicklung des Praktizierenden. Die körperlichen Übungen wirken sich auf der geistigen und emotionalen Ebene aus.

Die Übungsformen der verschiedenen Kampfkünste mögen sich voneinander unterscheiden, die innere Botschaft aber ist bei allen gleich. Die einen üben mit Wurfgriffen, andere mit Faustschlägen, manche auch mit Schwertern. Die Schulung der äußeren Fähigkeiten zeigt ihre Wirkung im Inneren des Übenden. Das körperliche Training ist der Weg, die Seele ist das Ziel.

Die Energierichtung beeinflusst das Leben auf allen Ebenen. Sie wirkt sich nicht nur körperlich aus, sondern auch in der Partnerschaft, im Beruf und in allen weiteren Bereichen des Lebens. Offenbar kann die Energie nicht in einem Lebensbereich in der konfrontierenden Richtung und zur gleichen Zeit in anderen Lebensbereichen in der gebenden Richtung fließen. Ebenso, wie ein Schiff nicht zugleich vorwärts und rückwärts fahren kann. »Es kommt immer alles auf einmal« ist meine Erfahrung, wenn die Energie dauerhaft in der konfrontierenden Richtung durch mein Leben fließt. Das Gleiche gilt auch umgekehrt: Sobald ich eines meiner Probleme löse, kann ich oft staunend dabei zusehen, dass sich auch in anderen Bereichen die Dinge scheinbar wie von selbst fügen. Dabei spielt es keine Rolle, wo mir die Problemlösung gelingt. Wenn die Energie in der gebenden, aufbauenden Richtung fließt, profitieren alle Lebensbereiche davon.

Auch spielt es keine Rolle, ob die Umkehr durch eine äußere Handlung oder eine innere Wandlung in Gang gesetzt wird. Manche Probleme müssen im Außen angepackt werden. Ich muss Entscheidungen treffen und diese in die Tat umsetzen. Andere Themen wiederum erfordern innere Arbeit von mir. Solche Probleme kann ich nur lösen, wenn ich meine Einstellung zu dem jeweiligen Thema ändere. Oftmals muss ich mich innerlich von bestimmten Vorstellungen und Erwartungen verabschieden, damit sich im Außen etwas für mich ändern kann.

Hand aufs Herz – Die Praxis

Nach einem Vortrag kam eine Frau zu mir und bat mich um Rat. Sie habe ein Problem, das sie sehr belaste. Sie besäße viele Dinge und brächte es nicht übers Herz, sie endlich wegzuwerfen.

»Und warum möchten Sie die Dinge loswerden? Haben Sie denn keinen Platz mehr?«, fragte ich.

»Das schon«, antwortete sie. »Aber ich muss mein Leben entrümpeln.«

»Wozu?«, fragte ich nach.

»Um glücklich zu werden?!« Es war mehr Frage als Antwort.

»Welcher Art sind die Dinge, von denen Sie sich trennen wollen?«, fragte ich.

»Das meiste sind alte Briefe, Kalender und Tagebücher, teilweise aus meiner Kindheit und Jugendzeit«, sagte sie.

»Machen die alten Briefe, Kalender und Tagebücher Sie denn unglücklich? Stehen da schlimme Sachen drin, die Sie belasten?«

»Das nicht, es sind eigentlich Erinnerungen an schöne Zeiten.«

»Meinen Sie, sobald die Schriften auf dem Müll liegen, werden Sie glücklicher als jetzt sein?«

»Ich weiß es nicht. Vermutlich nicht«, sagte sie.

»Dann fangen Sie doch mal klein an«, sagte ich. »Entrümpeln Sie als Erstes in Ihrem Inneren den Glauben, unbedingt entrümpeln zu müssen. Was Sie aber auf keinen Fall wegwerfen sollten, ist Ihre Fähigkeit zur Liebe und Wertschätzung. Die Tatsache nämlich, dass Sie Ihre alten Kalender und Tagebücher noch haben, ist Ausdruck Ihrer Wertschätzung und Dankbarkeit gegenüber Ihrer Vergangenheit und Ihren Erinnerungen. Ich gebe Ihnen den Rat, sie einfach zu behalten.«

Nun ziehe ich nicht mit dem Appell durch die Lande, jedermann sollte zum Messie werden, ich halte nur nichts von vermeintlich allgemeingültigen Heilsversprechen. Jede Botschaft hat das Potenzial, zu einer Erkenntnis zu werden, und jede Übung hat das Potenzial, zu einer Befreiung zu werden. Beides jedoch, Erkenntnis und Befreiung, sind immer höchstpersönlich. Sie wirken im und für den Augenblick. Die Botschaft darf nie zu einer Regel, einem Anspruch oder gar einem Dogma werden, und die Übung darf nie als allein seligmachend angepriesen werden.

So verhält es sich im Übrigen auch mit den Botschaften und Übungen in diesem Buch. Zum Thema »Entrümpelung« zum Beispiel fände ich die Frage spannender: »Was benötige ich, um in mir Lebensfreude zu empfinden?« Es geht nicht kategorisch darum, mich prinzipiell *von allem* zu befreien. Es geht auch nicht darum, mich von allem zu befreien, was mich belastet. Das Leben besteht auch aus Herausforderungen, die ich annehmen sollte und die ich nicht immer beiseiteschieben kann. Innere Entrümpelung bedeutet für mich vielmehr, meinen Glauben auf den Sperrmüll zu werfen, dass ich irgendetwas *unbedingt* brauche, um glücklich zu sein.

Unzählige Male schon habe ich auch den Satz gehört: »Ich weiß ja, dass ich alle Menschen lieben soll, aber ich schaffe das noch nicht.« Immer fiel dieser Satz im Kontext einer Erzählung über etwas Ärgerliches, das der Betreffende mit einem anderen Menschen erlebt hatte. Generelle Verhaltens- und Handlungsempfehlungen wie »Wenn dich einer beschimpft, hab ihn trotzdem lieb« führen mehr zu Schuldgefühlen, wenn man es nicht schafft, als zur inneren Befreiung. Jemand berichtete mir von einem Nachbarn in seinem Haus, der ihn ständig aufs Übelste beleidigte und nachts durch Lärm terrorisierte. Ich gab ihm den Rat, sich eine neue Wohnung zu suchen und umzuziehen.

»Aber das wäre eine Flucht vor mir selbst, schließlich ist mein Nachbar doch ein Spiegel meiner selbst«, sagte er.

»Wo hast du das denn her?«, fragte ich.

»Aus einem deiner Bücher«, antwortete er.

Nun ja, es mag sein, dass ich es irgendwo geschrieben habe, aber ich habe bestimmt nirgendwo geschrieben, dass man sich von einem Spiegel terrorisieren lassen sollte …

Manche Probleme kann man nicht einfach »weglieben« oder -meditieren. Oft kann das innere Dilemma nur dadurch aufgelöst werden, dass man zur richtigen Zeit das Richtige tut. Es gibt Situationen im Leben, in denen man – bildlich gesprochen – mit der Faust auf den Tisch hauen muss. Ich stimme meinem Gesprächspartner mit der üblen Nachbarschaft jedoch in der Hinsicht zu, dass es durchaus Schwierigkeiten im Außen gibt, die ein Spiegelbild des inneren Zustands sind.

»Wenn du die Geheimnisse deines Lebens wissen möchtest, musst du nur die Augen öffnen«, lautet demgemäß eine

Botschaft, die ich häufig in meinen Seminaren vermittle. Letztendlich strahlt der Mensch durch die Aura sein Inneres aus. Salopp gesagt: Wer in sich den Film eines Westerns eingelegt hat, braucht sich über die schießwütigen Cowboys auf der Leinwand seines Lebens nicht zu wundern. In diesen Fällen erledigt sich das Thema erst, wenn die problematische Filmrolle gegen eine unproblematische ausgewechselt worden ist.

Die Regiezentrale, in der die Entscheidung über die inneren und somit äußeren Filme getroffen wird, hat ihren Sitz nicht im Kopf, sondern im Herzen. Oftmals versuchen wir, ein Problem mit unseren Gedanken zu lösen. Viele Ratgeber vermitteln sogar, dass die Gedanken über unser Leben bestimmen. Ich sehe das anders. Es sind nicht die Gedanken, sondern vielmehr die Gefühle, mit denen wir unsere Realitäten erschaffen. Oft verfügen wir über die gedankliche Einsicht, was wir ändern könnten beziehungsweise ändern sollten. Die Einsicht allein genügt jedoch nicht. Die Einsicht muss zum Entschluss, und der Entschluss muss zur Tat werden. Tatkraft geht über die Idee hinaus. Die Idee muss zur Herzensangelegenheit reifen. Gedanken sind leicht, sodass sie auf dem Weg zum Herzen oft verfliegen. Daher halten wir uns bei der praktischen Ausübung der inneren Kampfkunst nicht lange bei den Gedanken auf, sondern setzen direkt bei den Gefühlen an.

Dafür suchen wir uns eine stille Ecke, schließen die Augen und verbinden uns mit dem Thema, das uns bedrückt. Dann legen wir die rechte Hand an unser Herz. Wir nehmen

Kontakt mit uns selbst und dem Thema auf und bereiten uns auf die drei Übungsstufen vor.

Auf der *ersten Stufe* lassen wir das Gefühl der *Akzeptanz* in uns entstehen. Akzeptanz ist das Fundament der Veränderung. Solange wir gegen etwas ankämpfen, bleibt es. Solange wir es wegstoßen, kommt es uns entgegen. Erst wenn wir einen Zustand ganz angenommen haben, verfügen wir über die Macht der Wandlung. Akzeptanz ist frei von allen Vorstellungen. Sie ist frei von der Vorstellung, *wie etwas jetzt ist*, frei von der Vorstellung, *wie etwas sein könnte*, frei von der Vorstellung, *wie etwas sein müsste*. Akzeptanz bewertet nicht. Sie redet nichts schlecht, und sie redet nichts gut. Akzeptanz bedeutet daher nicht, sich wider besseres Fühlen und Wissen einzureden, dass alles gut und schön ist. Eine Made ist kein Schmetterling, da hilft das beste positive Denken nichts. In der Akzeptanz nehme ich meine Situation vollkommen an, ich lehne sie nicht ab. Wenn die Umstände leicht und angenehm sind, genieße ich das Geschenk, welches mir das Leben bereitet. Wenn die Umstände schwer und betrüblich sind, akzeptiere ich die Herausforderungen, an denen ich wachsen und mich weiterentwickeln kann. Akzeptanz ist das Fundament meiner spirituellen und persönlichen Entwicklung. Solange ich mit dem aktuellen Zustand hadere, halte ich an ihm fest. Die Veränderung beginnt mit dem Innehalten. Ich setze mich hin und schließe mit der jetzigen Situation Frieden.

Auf der *zweiten Stufe* lassen wir das Gefühl der *Dankbarkeit* in uns entstehen. Dafür lenken wir unsere Achtsamkeit auf das Gute und Schöne in unserem Leben. Wir machen uns bewusst, was uns freut und was wir lieben. Mit der

Dankbarkeit wenden wir den Blick von dem Mangel ab und zur Fülle hin.

Auf der *dritten Stufe* lassen wir das Gefühl der *Heilung* zu. »Heil« bedeutet »ganz«, »vollständig«. Solange etwas nicht heil, nicht ganz ist, ist es nicht vollständig. Es fehlt etwas. Heilung ist ein Prozess der Ganzwerdung. Das Fehlende wird hinzugefügt. Auf diese Weise wird das Unheile heil, das Unvollständige ganz. Das Gefühl der Heilung wird zu jedem Thema ein anderes sein, weil jeweils etwas anderes fehlt.

Die Übung sollte ohne Wollen, ohne Anstrengung und vor allem ohne Ehrgeiz vollzogen werden. Das Gefühl der Heilung erfolgt auf der dritten Stufe wie von selbst. Die Voraussetzungen dafür werden auf den ersten beiden Stufen geschaffen. Die Akzeptanz und die Dankbarkeit öffnen die Tore, hinter denen das fehlende Gefühl verborgen liegt. Die Tore heißen Ärger und Kummer. Akzeptanz öffnet den Ärger, und Dankbarkeit öffnet den Kummer.

In den nächsten Kapiteln werden wir die Kampfkunst des Herzens üben. Die Übung wird sich dabei auf das jeweilige Thema des Kapitels beziehen. Die Technik ist darüber hinaus in allen denkbaren und undenkbaren Situationen anwendbar, in denen wir einen Angriff des Lebens in uns spüren.

Die Kompetenz der Lebensfreude

Lange Zeit habe ich mein Glück in der Zukunft gesucht. »Wenn erst ..., dann ...«, lautete die Formel für mein künftiges Wohlergehen. »Sobald ich diese oder jene Voraussetzung erfüllt habe, kann ich endlich glücklich sein«, dachte ich. So widmete ich den jeweils gegenwärtigen Tag der Vorbereitung eines Glücks, das ich dereinst genießen wollte. Ich erfüllte eine der mutmaßlichen Voraussetzungen nach der anderen und kam dennoch nie ans Ziel. Ich hatte meinen Traumberuf ergriffen und war nicht glücklich. Ich hatte meine Traumfrau gefunden und war nicht glücklich. Ich blieb gesund und war nicht glücklich. Sicherlich gab es viele Momente der Freude in meinem Leben, Zeiten, in denen ich zufrieden war. In diesen Augenblicken kannte ich zumeist den konkreten Anlass, warum und worüber ich mich freute. Selten aber spürte ich eine allgemeine Freude über mein Leben. Selten war ich einfach nur darüber froh, dass es mich gibt.

Eines Tages wurde mir jedoch bewusst, dass das Leben an sich bereits einen Glücksfall bedeutet: Ist es nicht ein großes Wunder, dass ich überhaupt geboren bin? Schließlich hätte es ja auch anders kommen können. Ist Lebensfreude nicht die Freude des Lebens an sich selbst? Braucht es einen weiteren Grund? Die einzige wirkliche Voraussetzung für Lebensfreude ist doch wohl, lebendig zu sein. Und diese Voraussetzung erfüllte ich zweifellos. Alles Lebendige verfügt über das Potenzial der Lebensfreude. Also müsste das doch auch bei mir so sein. Ich ahnte, dass ich meinem Leben nichts weiter hinzufügen, sondern eher etwas abgeben sollte. Ich musste mich offensichtlich von den selbst errichteten Beschränkungen befreien, die meiner Freude im Wege standen. Die innere Freiheit schien der Schlüssel zu meinem Glück zu sein. Ich beschloss also, nicht weiter nach Gaben zu streben, die ich vom Leben zu bekommen trachtete, um eines fernen Tages auf welche Weise auch immer glücklich zu sein, sondern vielmehr wegzugeben, was mich daran hinderte, mein Glück im Hier und Jetzt zu finden.

Ich hatte erfahren, dass die Erfüllung von Wünschen nicht glücklich macht. Ich war vielen Menschen begegnet, die genau das Leben führten, das sie sich gewünscht hatten: Sie hatten einst den Wunsch zu heiraten und waren nun verheiratet. Sie hatten einst den Wunsch, Kinder zu bekommen, und waren nun Mutter oder Vater. Sie hatten einst den Wunsch nach einem Haus und wohnten nun darin. Sie hatten einst den Wunsch, genügend zu essen und zu trinken zu haben, und lebten nun in Wohlstand. Sie hatten den Wunsch, gesund zu sein, und waren es. Viele Wünsche waren ihnen erfüllt worden. Und dennoch waren sie nicht glücklich. Sobald ein Wunsch erfüllt war, hatten sie den nächsten.

Und genau wie ihnen war es auch mir gegangen. Ich hatte an all den Einzelteilen festgehalten, aus denen Wünsche bestehen, nämlich Vorstellungen, Erwartungen, Kontrolle und Ehrgeiz. Die Vorstellung ist mein Bild von dem, was mir noch fehlt. Die Erwartung ist meine Hoffnung, dass das Fehlende zu mir kommen wird. Die Kontrolle ist mein Urteil, ob das Fehlende auf dem Weg zu mir ist oder sich von mir entfernt. Der Ehrgeiz ist meine Ungeduld, wenn das Fehlende nicht zu mir kommt.

Mit der Zeit wurde mir sehr klar: Solange ich die Achtsamkeit beständig auf das Fehlende richte, stärke ich den Mangel. Wie könnte ich auf diese Weise zu einem erfüllten Leben gelangen? Wie könnte ich annehmen, in dem Moment glücklich zu werden, sobald das Fehlende zu mir kommt, wenn es mir jetzt nicht mit dem gelingt, was bereits da ist? Wieso sollte ich später die Kompetenz besitzen, glücklich zu sein, wenn ich es hier und jetzt nicht schaffe? Entweder bin ich zum Glücklichsein fähig, oder ich bin es nicht. Ich begriff, dass ich nicht weiter auf »glückliche Umstände« warten durfte, sondern vielmehr meine »innere Kompetenz der Lebensfreude« stärken musste.

Die Achtsamkeit auf den Mangel zu richten ist eine viel geübte und wirkungsvolle Technik, das Leben zum Angriff aufzufordern. Solange wir auf etwas warten, was zu uns kommen soll, (er)leben wir die konfrontierende Energierichtung: Wir wollen, dass die Energie von vorn aus der Zukunft zu uns kommt. Richten wir jedoch unsere Achtsamkeit auf die Fülle, bleiben wir in der Gegenwart. Dann blicken wir auf das, was jetzt alles in uns und für uns da ist. Wir sehen das Potenzial, aus dem wir schöpfen können, und leben in der gebenden Energierichtung.

Auf*gabe* und Hin*gabe* sind Voraussetzung für ein erfülltes Leben. Viele Menschen sind unglücklich, weil ihnen eines von beiden fehlt. Die einen wissen nicht, was sie mit ihrem Leben anstellen sollen. Ihr Leben ist unerfüllt, weil sie keine Aufgabe (mehr) haben. Andere wiederum haben zwar eine Aufgabe, die sie voll und ganz in Anspruch nimmt, dafür fehlt ihnen jedoch die Hingabe. Sie empfinden ihre Aufgabe nicht als Erfüllung, sondern als Last. Die Aufgabe füllt ihren Tag mit Stunden, nicht aber ihre Seele mit Freude.

Besondere Lebenssituationen bringen oftmals Herausforderungen mit, die wir uns nicht ausgesucht haben und vor denen wir auch nicht flüchten können. Krankheiten und

Schicksalsschläge sind beispielsweise Aufgaben, die wir nicht von vornherein ablehnen können. Um in diesen Fällen dennoch unser Glück zu finden, ist es nötig, den Widerstand gegen die Aufgabe zu überwinden. Dann sagen wir in Hinblick auf die Aufgabe nicht mehr: »Ich muss es tun«, sondern: »Ich will es tun.«

Das göttliche Gesetz lautet nicht: »Dein Wunsch geschehe«, sondern: »Dein Wille geschehe.« Wünsche sind auf das Bekommen ausgerichtet. Dem Willen aber geht es um das Geben, er *will* Fähigkeiten und Talente in das Leben investieren. Ein erfülltes Leben entsteht nicht durch die Ansammlung vieler materieller oder spiritueller Güter, sondern durch das Ausleben der Schöpferkraft, die in uns ist. Die Schöpferkraft ist der Stoff, aus dem unsere Träume bestehen. Mit unseren Wünschen bleiben wir Suchende, in unseren Träumen haben wir gefunden.

Drei Schritte der Umkehr

Die Angriffe des Lebens erfolgen aus allen Richtungen. Sie kommen von außen, von innen und aus der Zeit. Die äußeren Angriffe erfahren wir durch Ereignisse, Situationen und Begegnungen. Die inneren Angreifer heißen Zweifel und Angst, Verletzung und Schuldgefühle. Die Kämpfe der Vergangenheit sind abgeschlossen. Nur manche Wunden sind noch nicht verheilt. Andere Kämpfe laufen aktuell in der Gegenwart. Deren Ausgang ist noch ungewiss. Und viele Angriffe werden noch kommen. Der gefährlichste Angriff auf unser Leben ist der Tod. Er wartet in der Zukunft auf uns.

Das Leben fließt in uns und durch uns, es ist nicht getrennt von uns. Die Energie, die uns angreift, ist zugleich die Energie, die uns existieren lässt. Die Kraft des Lebens ist auch unsere Kraft. An unsere Macht zu glauben ist daher der erste Schritt zur Umkehr.

Die Technik der Umkehr ist die Achtsamkeit. Wir müssen wach, präsent und achtsam sein. Achtsamkeit ist nicht nur Aufmerksamkeit und Konzentration, sondern vor allem Anerkennung und Wertschätzung. Die Wertschätzung umfasst alles, was unser Leben ausmacht, und fängt bei uns persönlich an. Unsere Persönlichkeit ist das Fundament unserer Erfahrung. So wie wir uns selbst erfahren, erfahren wir das Leben. »Glaube ich an mich oder zweifle ich an mir?«, lautet die entsprechende Frage. Solange wir unzufrieden mit uns sind, bekämpfen wir uns. Sobald wir Frieden mit uns geschlossen haben, sind wir als Verbündeter an unserer Seite. Dann können wir damit beginnen, unsere Vergangenheit zu klären.

Dies ist der zweite Schritt der Umkehr. Auch hier ist die Technik die Achtsamkeit. Wenn uns Verletzung widerfährt, gestatten wir uns oft nicht, darüber zu weinen und zu trauern. Weil wir weiterhin funktionieren wollen, decken wir die Wunde lieber zu und tun so, als wäre nichts geschehen. »Das Leben geht weiter«, lautet ein Spruch, der in diesem Zusammenhang nicht heilsam ist. Ich habe in meinen Seminaren bei vielen Teilnehmern erfahren, dass die Zeit eben nicht alle Wunden heilt. Sie verdeckt sie nur. Die Heilung kann erst eintreten, wenn die Wunde freigelegt, angeschaut und beachtet worden ist. Auch unsere emotionalen Verletzungen müssen Wertschätzung und Anerkennung erfahren, damit sie mit uns und wir mit ihnen unseren Frieden machen können. Das gilt unabhängig davon, wie die Verletzungen entstanden sind, und vor allem auch, wer sie uns zugefügt hat. Bei manchen Verletzungen waren wir Opfer, bei anderen waren wir Täter. Auch Schuldgefühle sind innere Wunden, die heilen wollen.

Wenn wir auf das Vergangene zurückblicken, können wir jedes Gefühl spüren, wir können Dankbarkeit, Ärger, Zorn, Wehmut und viele andere Gefühle empfinden, jedoch keine Furcht. Wir können nur Ereignisse befürchten, die uns möglicherweise noch bevorstehen. Die Angst ist eine Kraft, die aus der Zukunft kommt. Niemand kommt an ihr vorbei. Absolute Angstfreiheit ist eine Illusion. Die Zukunft ist immer neu, immer unbekannt. Deshalb kann niemand ausschließen, jemals wieder Angst zu spüren. Die Vermutung, für alle Zeiten angstfrei zu sein, ist vergleichbar mit der Annahme, niemals mehr Schmerz empfinden zu müssen. Zumindest für die Zeit unserer Körperlichkeit werden wir anfällig für Schmerzen sein. Ebenso gilt: Solange ein Mensch eine Zukunft hat, kann er auch der Angst begegnen. Die Frage lautet nicht: »Wie komme ich an der Angst vorbei?«, sondern: »Wie gehe ich mit der Angst um, wenn ich ihr begegne?«

Dies zu lernen ist der dritte Schritt der Umkehr. Auch hier ist die Technik Achtsamkeit und Wertschätzung. Wir müssen unseren Ängsten ins Auge blicken. Das bedeutet auch, dass wir uns mit dem Tod beschäftigen müssen. Der Tod ist Ungewissheit in reinster Form. Wir können zwar *jetzt* ahnen, was nach unserem Sterben mit uns passieren wird, wir können *jetzt* Glaubensvorstellungen und Hoffnungen haben, wie unsere Existenz jenseits des Körpers beschaffen sein wird, Gewissheit aber werden wir erst dann haben, wenn unsere Zukunft zur Gegenwart geworden ist. Es mag paradox klingen, aber die Akzeptanz der Ungewissheit ist der Weg in die Bewusstheit. Bewusstwerdung bedeutet nicht, nach Gewissheit zu streben. Bewusstheit ist vielmehr eine Qualität des Staunens. Ein bewusster Mensch will das Mysterium erfahren, er will es weder verstehen noch erklären. Ein bewusster Mensch ist sich seiner Schöpferkraft bewusst, und er ist bereit, sie zu nutzen.

Das Training der inneren Reflexe

Ein alter Großmeister der Kampfkünste empfängt einen Freund. Er möchte ihm seine drei Söhne vorstellen. Um diese zu prüfen, stellt er eine Vase auf den oberen Türrahmen und bittet den ersten Sohn in das Zimmer. Der Sohn öffnet ganz behutsam die Tür, greift nach oben und nimmt die Vase vorsichtig herunter. Nachdem er sich dem Freund des Vaters vorgestellt hat, platziert er die Vase wieder auf dem Türrahmen und verlässt den Raum. »Dies ist mein erster Sohn. Er ist schon einen langen Weg gegangen«, sagt der Vater zu seinem Freund.

Etwas energischer öffnet der zweite Sohn die Tür. Er bemerkt den Luftzug der fallenden Vase und fängt sie auf. »Dies ist mein zweiter Sohn. Er hat noch einen langen Weg vor sich«, sagt der Vater.

Stürmisch betritt der dritte Sohn das Zimmer. Als er von der Vase getroffen wird, zieht er blitzschnell sein Schwert hervor und schlägt das Gefäß, noch bevor es den Boden berührt, in zwei Teile. »Dies ist mein dritter Sohn«, sagt der Alte. »Er ist das schwarze Schaf in der Familie.«

Der erste Sohn war achtsam, und seine Brüder verfügten zumindest über verdammt gute Reflexe. Unsere Achtsamkeit und unsere Reflexe bestimmen darüber, ob uns ein Angriff des Lebens frontal erwischt oder ob es uns gelingt, dem Angriff auszuweichen.

Oftmals fällt uns im übertragenen Sinne ein Tontopf auf den Schädel, weil wir wieder mal unachtsam und gedankenverloren in einen Raum unseres Lebens eingetreten sind. Manches Mal können wir dann durch eine reflexartige Handlung das Schlimmste verhindern, zuweilen aber bewirken wir durch die reflexartige Handlung auch genau das Gegenteil und verschlimmern die Situation. Die inneren Reflexe veranlassen uns dazu, in wiederkehrenden Situationen immer auf dieselbe Weise zu reagieren. Manche dieser Reaktionen sind zu unserem Nutzen, andere zu unserem Schaden. Hier sind gleich ein paar Beispiele für die zweite Option:

- wenn wir jedes Mal reflexartig flüchten, sobald unser Partner ein Beziehungsgespräch anfangen möchte (der »Du-kannst-mich-mal«-Reflex),
- wenn wir aggressiv werden, sobald wir uns angegriffen fühlen (der »Ich-schreie-dich-doch-nicht-an!!!«-Reflex),
- wenn wir uns ständig entschuldigen oder rechtfertigen, sobald wir uns kritisiert fühlen (der »Sorry-aber-hab-Verständnis«-Reflex),

- wenn wir auf Angriff umschalten, sobald wir einen echten oder vermeintlichen Vorwurf hören (der »Du-doch-selber«-Reflex),
- wenn wir um Aufmerksamkeit buhlen, sobald wir uns nicht oder nicht genügend beachtet fühlen (der »Hier-bin-*ich!*«-Reflex),
- wenn wir grundsätzlich aus Trotz das Gegenteil von dem machen, was man von uns erwartet (der »Jetzt-erst-recht«-Reflex),
- wenn wir unsere Stärke oder Macht ausüben, sobald ein anderer sich in unserer Nähe profilieren möchte (der »Was-du-kannst-kann-ich-schon-lange«-Reflex).

Unsere Reflexe basieren auf Bildern in unserem Innern und auf Glaubenssätzen. Sie sorgen dafür, dass wir uns sehr häufig in genau den Situationen wiederfinden, die unsere automatischen Reaktionen hervorrufen. Wir sehen in der Situation viel mehr unser inneres Bild als das, was sich in Wirklichkeit ereignet. Ein außenstehender Beobachter würde sich vermutlich oftmals über unsere Reaktionen wundern, weil er die Situation ganz anders als wir selbst wahrnähme. Oftmals – wenn nicht sogar meistens – hat der Mensch, der in unseren Augen für unsere Reaktion verantwortlich ist, etwas ganz anderes im Sinn, als wir glauben. Da unser Gegenüber ebenfalls Bilder und Glaubenssätze in sich trägt, die wiederum seine eigenen Reflexe hervorrufen, entstehen so oft unlösbare Konflikte, die meist nur durch einen beiderseitigen »Waffenstillstand« beendet werden können.

Nun können wir uns nicht dazu zwingen, genau das Gegenteil von dem zu tun, was wir immer schon getan haben. Solche Vorsätze sind von vornherein zum Scheitern verurteilt. Der Vorsatz kommt aus dem Verstand, er ist ein Gedanke. Der Reflex entspringt dem Herzen, er ist ein Impuls. Wenn Gedanken stärker als Impulse wären, gäbe es weniger Raucher. Ihre Anzahl wäre um diejenigen geringer, die schon einmal den Entschluss gefasst hatten, mit der Qualmerei aufzuhören. Auch der Jähzorn wäre längst ausgestorben. Ich habe noch keinen Menschen mit der Neigung zum Jähzorn getroffen, der sich nicht schon einmal nach einer entsprechenden Attacke vorgenommen hätte, demnächst ruhiger zu reagieren. In dreißig Jahren Polizeidienst bin ich etlichen jähzornigen Menschen begegnet. Die meisten zeigten sich anschließend in der Vernehmung sanft und harmlos: »Wie oft habe ich mir schon vorgenommen, niemanden mehr zu erschlagen …«

Dabei darf ich nicht nur mit dem Finger auf andere zeigen. Wenn ich mich früher auf den Fahrersitz eines Autos setzte, mutierte ich zum Tier. Auch heute noch höre ich mich ab und an während der Fahrt Worte sprechen, die ich außerhalb des Wagens niemals in den Mund nähme. Das gilt jedoch nur für Fahrten auf der Autobahn. Okay, und in der Stadt …

Ein Verbot, innerlich so zu reagieren, wie wir »immer schon« reagiert haben, hätte keine Aussicht auf Erfolg. Wir können einen Impuls nicht in sein Gegenteil verwandeln. Aber wir können die Geschwindigkeit der anschließenden Tat verändern. Wir können äußerlich langsamer oder schneller werden oder aber auch ganz innehalten und jede Bewegung abbrechen. Wir können auch über die Blickrichtung unserer Aufmerksamkeit entscheiden. Wir können nach hinten in die Vergangenheit oder nach vorn in die Zukunft schauen, wir können unseren Blick nach außen oder nach innen richten, wir können nach unten auf den Boden oder nach oben in den Himmel schauen: *Wir können unsere Reaktionen auf die Angriffe des Lebens trainieren.*

Immer wieder werden wir von unerwünschtem Verlangen, Befürchtungen oder, im schlimmsten Fall, vom Schicksal angegriffen. Kein Mensch kann diesen Angriffen ausweichen oder entkommen. Wir müssen uns den Herausforderungen des Lebens stellen. Aber wir können dafür sorgen, dass uns die Angriffe nicht umhauen. Nicht, indem wir uns einen Panzer umlegen, der uns vor Gefühlen schützen soll, sondern – ganz im Gegenteil – indem wir die emotionale Angriffskraft des Lebens zu unserer eigenen Kraft machen.

Für die Lenkung der Achtsamkeit ist jegliche Art der Meditation ein geeignetes Training. Dabei kommt es nicht auf die Dauer der Übung an, sondern vielmehr auf die Regelmäßigkeit. Meiner Erfahrung nach erzielt man die beste Wirkung, indem man jeden Tag zur gleichen Zeit die gleiche Übung praktiziert. Die tägliche Übung, auch wenn sie nur für wenige Minuten durchgeführt wird, wirkt sich auf die allgemeine Achtsamkeit im Alltag aus. Die Meditation sollte zur täglichen Gewohnheit werden, unabhängig davon, wie man sich gerade fühlt oder wie gut oder schlecht es im Leben gerade läuft. Ein Beispiel für eine gute Übung ist das Pyramidentraining, das ich am Ende des Buches beschreibe. Für das Training der Achtsamkeit reicht ein wenig Disziplin. Das

Training der Reflexe ist schon schwieriger, weil es innerhalb der Echtsituationen erfolgen muss. Im friedlichen Kämmerlein zu meditieren reicht nicht aus, das Training der Reflexe erfolgt draußen auf dem Schlachtfeld.

Die Grundlagen sind beschrieben. Wir sind gerüstet für die Angriffe des Lebens. Steigen wir also tiefer in das Thema ein.

Resümee der Einführung

Die Kampfkunst des Herzens wird nicht mit Fäusten und nicht mit Schwertern ausgeübt, du brauchst weder körperliche Fitness noch einen Waffenschein. Du begibst dich ohne Umweg direkt in den wahren »Dojo«, den Übungsraum in deinem Herzen.

Akzeptanz, Dankbarkeit und Heilung: Die dreistufige Kampfkunsttechnik des Herzens ist ein machtvolles Mittel, die innere Einstellung zu verändern und Gefühle zu heilen.

Die Kampfkunst des Herzens ist eine »Kunst der gebenden Richtung«, die nicht nach Wunscherfüllungen zum Nulltarif strebt. Sie eignet sich nicht für spirituelle Schnäppchenjäger.

Die Selbstachtung stärken, die Vergangenheit klären und die Schöpferkraft nutzen sind der Weg, »Hand aufs Herz«, Meditation und das Training der inneren Reflexe sind die Techniken eines Kampfkünstlers des Herzens.

Kapitel 1

Selbstachtung

»Zwei Dinge verleihen der Seele am meisten Kraft: Vertrauen auf die Wahrheit und Vertrauen auf sich selbst.«

Lucius Annaeus Seneca

Kampfkunst des Herzens: Wertschätzung

Leg deine rechte Hand an dein Herz und schließ die Augen.
Lass zunächst das Gefühl der Akzeptanz in dir entstehen.
Sag dir: »Ich nehme mein Leben jetzt so an, wie es ist.«
Dann richte deinen Blick auf das Schöne und Gute in deinem Leben.
Mach dir bewusst, was alles für dich da ist, was du liebst und was dich erfreut.
Lass die Dankbarkeit in dir entstehen.
Nun erinnere dich, worauf du stolz sein kannst in deinem Leben.
Mach dir bewusst, wie wertvoll es ist, dass es dich gibt.
Lass die Wertschätzung in deinem Herzen entstehen.

Frag dich: Worauf bin ich stolz?

Während eines Urlaubs auf der Ostseeinsel Hiddensee las ich in einem Reiseführer die Lebensgeschichte des Alexander Ettenburg. Die letzten drei Sätze über ihn lauten: »Verarmt, vergessen und dem Alkohol verfallen, starb er 1919 in Stralsund. Sein Grab fehlt. Die Urne mit seiner Asche ging auf dem Postweg nach Hiddensee verloren.«

»Das wird dir niemals passieren!«, schwor ich mir. Was den ersten Teil betraf, verarmt, vergessen und dem Alkohol verfallen, würde ich meine Hand nicht ins Feuer legen wollen, aber ganz bestimmt würde ich vor meinem Tod dafür Sorge tragen, dass niemand auf den Gedanken käme, meine sterblichen Überreste mit der Deutschen Post nach Hiddensee zu verschicken.

Alexander Ettenburg hatte zwar keine letzte Ruhestätte gefunden, dafür aber ein bewegtes Leben geführt. Er war als Schauspieler, Theatergründer, Hotelbesitzer und Schriftsteller tätig. Er hatte durchaus Grund, stolz auf sein Lebenswerk zu sein.

An einem Meditationsabend fragte ich die Teilnehmer: »Worauf seid ihr stolz?« Erfreulicherweise konnten die meisten diese Frage positiv beantworten, fast allen fiel etwas dazu ein.

Wenn man mir selbst diese Frage vor ein paar Jahren gestellt hätte, hätte ich sie von mir gewiesen. Stolz sei etwas für überhebliche Menschen, für Angeber, dachte ich. Stolz war für mich anrüchig. Dazu beigetragen hatte ein Spruch, den ich in meiner Jugendzeit öfters auf rechtslastigen Stickern gelesen hatte: »Ich bin stolz, ein Deutscher zu sein.« Meine Standardantwort auf diesen Satz lautete: »Na, wenn man sonst nichts hat …« Stolz kann man nur für etwas empfinden, was man geleistet hat, aber nicht für etwas, was einem in den Schoß gefallen ist, dachte ich. Ich kann doch beispielsweise nicht stolz darauf sein, dass ich sehen, hören, gehen kann, dachte ich.

Eines Tages erweiterte sich meine Sichtweise zu diesem Thema, als ich Zeuge einer Wohnungsbegehung wurde. Zwei geistig behinderte Menschen hatten zum ersten Mal in ihrem Leben eigenständig eine Wohnung bezogen. Nun zeigten sie ihren Angehörigen voller Stolz ihr neues Zuhause. Sie schwärmten von ihren schönen Möbeln und lobten alles in höchsten Tönen. Ihr Gefühl des Stolzes war rein und nicht – so wie bei mir – durch Vorurteile getrübt. Ich begriff, dass wahrer Stolz eine Form der Wertschätzung und Dankbarkeit ist.

Wir neigen oft zum Understatement. Lobt jemand unser tolles Haus, sagen wir bescheiden: »Nun ja, es hält den Regen ab …« Lobt uns jemand für das viele Geld, das wir mit unserer Arbeit verdienen, sagen wir: »Nun ja, man kann davon leben« – und so weiter. Dabei merken wir oft nicht, dass wir mit dieser Bescheidenheit den Wert der Dinge, über die wir verfügen, zumindest verbal geringschätzen.

Sobald diese Geringschätzung zu einem inneren Programm geworden ist, verliert man die Fähigkeit zur Dankbarkeit und damit die Fähigkeit zur Freude. Die Voraussetzung für Dankbarkeit ist das Bewusstsein, wie wertvoll etwas ist. Ein bewusster Mensch ist sich des Wertes seines Lebens bewusst. Er strebt nicht nach Wissen und Erkenntnis, sondern nach Wertschätzung. Wertschätzung können wir nur in der gebenden Energierichtung empfinden. Oftmals aber streben wir danach, Wertschätzung von anderen zu bekommen. Auf unserer Suche nach dem »Bekommen« vergessen wir manchmal das »Geben«.

In den letzten Tagen meiner Tätigkeit als Zielfahnder des Landeskriminalamts fuhr ich von meinem Dienstort Düsseldorf nach Stuttgart. Ich hatte eine Verabredung mit einem höheren Kriminalbeamten, der mir Informationen über einen unserer »Klienten« geben konnte. Ich suchte einen verurteilten Mörder, der unter spektakulären Umständen aus der Haft ausgebrochen und untergetaucht war. Die Zeit der Navigationsgeräte war noch nicht angebrochen, und ich hatte mich mitten in der Stuttgarter Innenstadt verfranst. Nachdem ich mit meinem Wagen mehrfach orientierungslos im Kreis gefahren war, blieb ich in der Mitte einer Hauptverkehrsstraße stehen, griff zu meinem Handy und rief den Stuttgarter Kollegen an, um ihn nach dem weiteren Weg zu fragen.

Während meines Telefonats hielt ein grün-weißer VW-Bus der Polizei rechts neben mir an. Auf den Rückbänken saßen vier junge Frauen in Uniform, allesamt Polizistinnen in der Ausbildung. Am Steuer saß ihr Ausbilder, ein Polizeiobermeister im mittleren Alter. Dieser ergriff nun die Gelegenheit, den weiblichen Greenhorns auf den Rückbänken mal zu zeigen, wie ein alter Hase wie er mit einem dreisten Verkehrssünder wie mir umgeht. Er kurbelte die Scheibe der Fahrertür herunter und forderte mich lautstark und gestenreich zum Weiterfahren auf. Ich ignorierte ihn und telefonierte weiter. Daraufhin wurde er lauter und aggressiver. Ich fühlte mich in meinem Telefonat gestört und winkte ab. Der Ton von dem Kollegen gefiel mir nicht. Es war offensichtlich, dass er den jungen Damen in seinem Wagen imponieren wollte. Da ich auf seine Weisungen nicht wie von ihm gewünscht reagierte, stieg er aus. Mit seiner rot-weißen Polizeikelle hielt er den fließenden Verkehr an, um auf dem Weg zu meinem Auto nicht überfahren zu werden.

Währenddessen führte ich mit dem Stuttgarter Kriminalbeamten am Telefon folgenden Dialog: »Da hält gerade ein Streifenwagen neben mir. Könntest du die Kollegen denn nicht bitten, mich mit Blaulicht zu deiner Dienststelle zu lotsen?«

»Klar, mache ich, gib mir doch mal den Streifenführer«, antwortete er.

Mittlerweile stand der uniformierte Kollege mit erhobener Kelle an der Fahrerseite meines Wagens. Ich kurbelte die Autoscheibe herunter, hielt ihm mein Handy hin und sagte: »Für dich!«

Zuerst begriff er nicht, doch als ich etwas nachdrücklicher wurde, nahm er zunächst das Telefon und anschließend die Bitte des diensthöheren Kriminalbeamten entgegen. Sein Ton wurde freundlicher und leiser. Nach dem Gespräch gab er mir wortlos das Handy zurück. Dabei versuchte er, mich mit seinem Blick zu töten. Dann ging er zu seinem Wagen, setzte das Blaulicht in Gang und eskortierte mich.

Die jungen Azubis auf den Rückbänken schienen sich ein stummes, schadenfrohes Lächeln nicht verkneifen zu können. Und in mir erhob sich ein jubelndes Ego zu Standing Ovations …

Dennoch war mir der Polizist nicht unsympathisch, schließlich konnte ich mich in ihm wiedererkennen. Auch ich hatte in meiner Vergangenheit manches Mal versucht, durch meinen Beruf Bestätigung von anderen zu erlangen. Der Kollege war also im doppelten Sinne an den Richtigen geraten.

Die Suche nach Anerkennung beginnt in der frühesten Kindheit. Das Dilemma eines Babys ist, dass es auf das Bekommen angewiesen ist. Es braucht die Fürsorge der Eltern oder anderer Menschen, um überleben zu können. Ein Säugling braucht nicht nur Nahrung, sondern auch Berührung. Er braucht Menschen, die ihm Liebe geben. Seine Suche nach Liebe setzt sich im Laufe des Lebens fort. Sie endet erst, wenn er die Liebe in sich selbst gefunden hat.

Viele persönliche Probleme beruhen auf dem Glauben an die eigene Wertlosigkeit. Ursache dafür sind oftmals emotionale Verletzungen und mangelnde Anerkennung und Wertschätzung in der Kindheit. Das Selbstwertgefühl des Kindes entscheidet im bedeutenden Maße über die künftigen Handlungen und Verhaltensweisen des Erwachsenen. Menschen mit einem Selbstwertgefühl, das vom Mangel gekennzeichnet ist, ziehen unterschiedliche Konsequenzen. Manche versuchen es mit Leistung, rackern als Erwachsene wie verrückt, um von anderen Anerkennung und Wertschätzung zu erlangen. Andere bemühen sich um Harmonie, versuchen beispielsweise mit Geschenken, sich die Liebe der Zeitgenossen zu verdienen. Wieder andere ziehen sich zurück. Ihr Glaube an die eigene Wertlosigkeit hindert sie an der erfolgreichen Durchführung von Projekten, die ihnen Freude bereiten würden. »Das schaffe ich sowieso nicht« ist ihr vorherrschender Gedanke, der sie bei den ersten Schwierigkeiten aufgeben oder erst gar nicht anfangen lässt. Auf diese Weise entsteht ein teuflischer Kreislauf: Sie tun nichts, weil sie an ihr Scheitern glauben, und weil sie nichts tun, scheitern sie. Ihr Glaube wird somit bestätigt. Solange wir uns selbst nicht mit Haut und Haaren, mit all unseren Stärken und Schwächen akzeptieren und respektieren, werden wir mangelnde Anerkennung durch andere empfinden.

Im September 2010 hielt ich einen Vortrag in einer Naturheilpraxis. Als ich dort ankam, wurde ich von einer Mitarbeiterin sehr freundlich empfangen. Die Frau hatte eine ungewöhnlich starke Ausstrahlung, ihr Lachen war herzlich und ansteckend. Im Eingangsbereich der Praxis kam mir ein junger Mann in einem Rollstuhl entgegen, der von einem älteren Herrn geschoben wurde. Der junge Mann war schwerstbehindert. Er konnte nicht sprechen, und seine Bewegungen waren unkontrolliert. Die Mitarbeiterin, die mich in Empfang genommen hatte, lief fröhlich an mir vorbei zu dem Jungen, legte ihren Arm um seine Schulter und drehte sich zu mir um. »Das ist mein Junge!«, sagte sie voller Stolz und Freude.

Diese Szene berührte mich zutiefst. Die Frau glaubte an ihren Jungen, achtete und liebte ihn bedingungs- und kompromisslos.

Ich fragte mich, welche Wertschätzung ich mir selbst entgegenbringe. Wann habe ich mir das letzte Mal gesagt: »Du bist mein Junge?« Wann habe ich das letzte Mal bedingungs- und kompromisslos zu mir gestanden? Wann habe ich mir selbst das letzte Mal Anerkennung gegeben, nicht aus einem Stolz heraus, etwas Besonderes geleistet zu haben, sondern einfach nur deshalb, weil es mich gibt?

Ein vergeudeter Tag ist kein Tag, an dem wir glauben, nichts geleistet zu haben. Ein vergeudeter Tag ist ein Tag, an dem wir uns selbst und unser Leben nicht mögen. Wir sollten öfter einmal in den Spiegel schauen und zu uns sagen: »Das ist mein Mädchen, das ist mein Junge!«

Auf Augenhöhe mit dem Göttlichen

Ein geringes Selbstwertgefühl beruht immer auf einer falschen Vorstellung von sich selbst. Das Gleiche gilt für ein übersteigertes Selbstwertgefühl, das nichts anderes als eine Überkompensation des Mangels ist. Ich kann das beurteilen, weil ich selbst lange Zeit diese Strategie gewählt hatte. Vermutlich ist das einer der Gründe, warum ich Polizist geworden bin. Ich hoffte, dass das Land Nordrhein-Westfalen mir mit der Aushändigung einer Dienstmarke zugleich eine ordentliche Portion Selbstbewusstsein mitliefern würde. Und tatsächlich tauschte ich in der Folge mein mangelndes Selbstwertgefühl gegen ein übersteigertes ein. Später wurde mir klar, dass beides nicht meinem wahren Selbstwert entsprach.

Sowohl die Vorstellung des Minder- als auch die des übersteigerten Selbstwerts gründen auf einen Glauben an Hierarchien. Der Mensch fragt sich, welchen Platz er im Vergleich zu anderen eingenommen hat. Der eine glaubt, er stünde unter den anderen, der andere glaubt, er stünde über ihnen. »Bin ich schlechter oder besser als die anderen?«, lautet seine Frage. Für einen Menschen mit mangelndem Selbstwertgefühl lautet die Antwort immer: »Ich bin schlechter«, für einen Menschen mit übersteigertem Selbstwertgefühl: »Ich bin besser.«

Menschen mit falschem Selbstwertgefühl sind oftmals anfällig für Gruppen mit Heilsversprechen. Diese Gruppen sind allesamt hierarchisch aufgebaut und bieten ihren Anhängern Argumente für ihre Auffassung, sie seien besser als andere. Mal besteht der Grund in der Zugehörigkeit zu einer Religion, mal in der Zugehörigkeit zu einer Nation. Die Möglichkeiten für solche Gründe sind vielfältig. Religion, Rasse und Nation sind jedoch die Klassiker. Viele dieser Gemeinschaften sind harmlos, ihren Mitgliedern genügt das Gefühl »Ich gehöre dazu«.

Manchmal aber wird es gefährlich. Der deutsche Nationalsozialismus steht beispielhaft für die schrecklichen Folgen eines kollektiven Minderwertigkeitsgefühls. Wer sich selbst für auserwählt hält, trachtet danach, sich gegenüber anderen zu erhöhen. Das Fundament dieses Bestrebens ist die Angst, ansonsten unter den anderen zu stehen. Der Ängstliche denkt in Hierarchien, er kennt nur oben oder unten. Ein Mensch mit Minderwertigkeitskomplexen hat ein Problem damit, anderen auf Augenhöhe zu begegnen. Sein Machtstreben ist der Versuch, die Angst in sich auszulöschen. Er duldet daher nur »Jasager« um sich herum, die ihm das Gefühl geben, tatsächlich auserwählt zu sein und über allen anderen zu stehen. Sobald ihm ein Mensch auf Augenhöhe begegnet, spürt er wieder die fundamentale

Angst in sich. Seine Macht hat die Angst nicht beseitigt, sondern nur unterdrückt. Der emotionale Mix von Macht, Angst und Minderwertigkeitsgefühl ist explosiv. Mächtige Leute, die unter mangelndem Selbstwertgefühl leiden, sind gefährlich. Zumindest für diejenigen, die den Mut haben, ihnen zu widersprechen.

Echtes Selbstwertgefühl ist frei von Vergleichen. Für einen Menschen mit wahrem Selbstwertgefühl stellt sich die Frage nach »besser oder schlechter« nicht. Er sieht in den Augen des anderen immer das Einmalige und Einzigartige. Zugleich erkennt er in den Augen des anderen das Verbindende. Denn obwohl jeder Mensch einmalig und einzigartig ist, sind wir alle eins. Wir stammen alle aus der einen, göttlichen Quelle. Jeder Mensch ist ein einzigartiger und einmaliger Ausdruck der Schöpfung. Wahres Selbstwertgefühl ist daher immer auf gleicher Augenhöhe mit dem Göttlichen.

Auch unsere spirituellen und religiösen Vorstellungen prägen unser Selbstbild. Glauben wir an einen richtenden und strafenden Gott, der nur die wahren Gläubigen in sein Himmelreich lässt, halten wir uns entweder für Auserwählte oder für Verdammte. Unser Selbstbild wiederum bestimmt unser Weltbild. Halten wir uns für Gewinner, unterteilen wir die Welt in Gewinner und Verlierer. Halten wir uns für Versager, ebenso. Je definierter unser Weltbild ist, desto begrenzter ist unsere Sicht.

Grenzen vermitteln uns Orientierung und Sicherheit. Wir wissen, was wir von uns, von anderen und von der Welt zu halten haben. In unserer Welt können wir dann Richtig von Falsch und Gut von Böse unterscheiden. Doch je detaillierter unsere Vorstellungen sind, desto kleiner ist unsere Welt.

Seelisches Wachstum ist hingegen mit der Sehnsucht nach Freiheit verbunden. Je größer die Seele wird, desto mehr Raum braucht sie. Der Abriss der alten Grenzen führt sie jedoch zunächst in die Unsicherheit und Orientierungslosigkeit. Dabei neigen spirituell Suchende manchmal dazu, ihre alten Vorstellungen gegen neue auszutauschen. Auf der Suche nach der einen glückselig machenden Wahrheit reißen sie zwar die alten Grenzen nieder, bauen dafür aber neue, die sie wiederum in ihrer Freiheit einschränken, dafür jedoch wieder eine gewisse Sicherheit und Orientierung zu garantieren scheinen. Schließlich ist das alttestamentarische Gebot »Mach dir kein Bild von deinem Gott« für den Verstand kaum erfüllbar, für ihn ist eine Existenz frei von jeglicher Weltanschauung im wahrsten Sinne des Wortes unvorstellbar.

Spirituelle und religiöse Vorstellungen sind unproblematisch, solange sie nicht mit einem Absolutheitsanspruch verbunden werden. Gefährlich wird es immer dann, wenn Menschen ihren Heilsweg für den einzig richtigen halten und ihren Glauben zudem als Auftrag betrachten, andere zu bekehren. Sie verkünden, nur an den Kassenhäuschen ihrer Religion könne ein gültiges Ticket für das Paradies erworben werden, an den Schaltern der anderen hingegen würden nur Fälschungen verkauft. Für einen Gläubigen dieser Fasson wäre der Gedanke unerträglich, dass ein Mensch, den er liebt, nicht mit ihm ins Paradies einziehen könnte, weil dieser den »wahren« Glauben nicht teilt. Die logische Schlussfolgerung in diesem Fall lautet: »Wenn ich dich liebe, muss ich dich bekehren. Und wenn du mich liebst, musst du dich von mir bekehren lassen.« So kann leicht eine Atmosphäre der Intoleranz entstehen.

Mein Schwiegervater gehörte der Glaubensgemeinschaft der Neuapostolischen Kirche an. Als er seine katholische Freundin heiraten wollte, verlangten die anderen – allesamt neuapostolischen – Familienmitglieder von ihr den Übertritt. Das wollte und tat sie nicht. Mein Schwiegervater heiratete sie trotzdem und wurde deshalb von seiner Familie verstoßen. Dies wurde ihm an einem kalten Wintertag besonders deutlich, als seine Frau darum bat, in der Küche der Familie Milch für das Baby aufwärmen zu dürfen. Man ließ sie mit dem Säugling auf dem Arm in der Kälte stehen und verweigerte ihr den Zutritt zur Wohnung. Vermutlich wären an dieser Tür auch Maria und Josef abgewiesen worden, die ja bekanntermaßen auch keine Neuapostolen, sondern Juden waren.

Eine ähnliche Geschichte erzählte mir ein Bauer in Friesland, der einmal an einem bitterkalten 24. Dezember einem Obdachlosen Zuflucht gewährt hatte. Der Mann hatte zuvor an der Tür des Pfarrhauses geschellt, da er befürchtete, in der Heiligen Nacht zu erfrieren. Der Pfarrer, der soeben von der Weihnachtsmesse zurückgekehrt war, hatte den Obdachlosen jedoch vom Grundstück gejagt. Die Botschaft »Liebe deinen Nächsten« schien für ihn mehr ein theoretischer Entwurf zu sein.

Alle Religionsgemeinschaften mit Absolutheitsanspruch verbindet ein theologisches Problem: Was ist mit den Seelen der Menschen passiert, die vor der Zeit des Religionsstifters gelebt haben? Wenn beispielsweise das Sakrament der Taufe

Voraussetzung für den späteren Einzug ins Paradies ist, was geschieht dann mit denjenigen, die nicht getauft werden konnten – schlicht und ergreifend deshalb, weil sie bereits tot waren, bevor der Erlöser geboren wurde?

Nun sind in den letzten zweitausend Jahren so viele Menschen geboren und getauft worden, dass Einsamkeit im Himmel kein vorherrschendes Thema sein dürfte. Je jünger die Religion jedoch ist, desto kleiner ist der Kreis der Auserwählten. 1830 gründete beispielsweise Joseph Smith in den Vereinigten Staaten die »Kirche Christi der Heiligen der Letzten Tage«, besser bekannt unter der Bezeichnung »Mormonen«. Auch für sie ist die Taufe eine notwendige Voraussetzung für den späteren Aufenthalt im Paradies. Die Taufe anderer christlicher Gemeinschaften hat in ihren Augen jedoch keine Gültigkeit. Damit sich die himmlischen Tore auch für die Ahnen öffnen, die vor 1830 gestorben sind, haben die Mormonen das Konzept der nachträglichen Taufe entwickelt, das von ihnen auch fleißig genutzt wird. Mormonen sind in der Ahnenforschung führend. Nach ihren eigenen Angaben unterhält die »Kirche der Heiligen der Letzten Tage« das größte Ahnenforschungs-Genealogie-Archiv der Welt. Gerechterweise sei allerdings gesagt, dass sich die Mormonen im Gegensatz zu vielen anderen Glaubensgemeinschaften sehr um einen interreligiösen Austausch bemühen und sogar etliche Gotteshäuser anderer Religionen finanziert haben.

Die Taufe Verstorbener halte ich persönlich jedoch für anmaßend. Meines Erachtens sollte der Mensch zumindest im Tod vor einer möglichen Bekehrung gefeit sein. Ich bin seit meiner frühesten Kindheit ein Fan des MSV Duisburg, und ich wäre wahrlich nicht amüsiert darüber, wenn einer meiner Nachkömmlinge mich nach meinem Dahinscheiden bei Fortuna Düsseldorf anmeldete. So stelle ich mir die Situation für einen frommen Katholiken vor, der im Jahre siebzehnhundert gestorben ist und seitdem im Himmel seinen verdienten Ruhestand genießt. Eines Tages erhält er dort seine Ausreisepapiere, weil einer seiner Nachfahren ihn durch eine Taufe auf der Erde postum zu einem Mormonen umgewidmet hat, nicht ahnend, dass der liebe Gott doch – so wie es der Papst immer schon gesagt hat – nur auf Katholiken steht. Jetzt trägt der arme Vorfahre das falsche Religionstrikot und wird aus dem Paradies verbannt. Es könnte natürlich auch genau umgekehrt sein, wer weiß?

In diesem Zusammenhang fällt mir ein Witz ein, den Osho einmal erzählt hat: Der Papst stirbt und klopft an die Himmelstür. Petrus macht auf und fragt ihn nach seinem Begehr.

»Ich will in den Himmel«, antwortet der Papst.

»Warum das?«, fragt der alte Türsteher.

»Wenn nicht ich, wer dann?«, entgegnet der Pontifex. »Schließlich bin ich dein Nachfolger und der Stellvertreter Christi auf Erden.«

Da dreht sich Petrus zu Jesus um und sagt: »Mensch, stell dir vor, der alte Fischerclub, den wir vor zweitausend Jahren gegründet haben, den gibt's immer noch …«

Immer wieder treffen wir auf Menschen, die Einfluss auf uns nehmen und unser Selbstwert- und Lebensgefühl verändern. Oft sind es Menschen »am Rande«, die uns gegenüber keinen Erziehungs- oder Lehrauftrag haben. Robert Schäfer war für mich einer dieser Menschen. Er war Platzwart einer Bezirkssportanlage in Düsseldorf und betreute ehrenamtlich die Jugendabteilung eines kleinen Fußballvereins im Norden der Stadt. Jeden Wochentag außer montags öffnete er um 16.00 Uhr ein Garagentor und setzte sich hinter einen Schreibtisch, an dem er kalte und heiße Getränke sowie Brühwürste mit Brot und Senf verkaufte. Währenddessen rauchte er eine Zigarette nach der anderen und hatte für jeden ein offenes Ohr. Obwohl er außer dem Amt des Platzwarts keine andere Funktion innehatte, war er die große Autorität des Vereins. Sein Wort hatte Gewicht.

Als ich ihm zum ersten Mal begegnete, war ich achtzehn Jahre alt und auf der Suche nach Verhaltensstrategien, die mich bei anderen beliebt machen sollten. Doch bei Robert Schäfer waren Rollenspiele unnötig. Er verfügte über Menschenkenntnis, er konnte Authentizität von Schauspielerei unterscheiden. »Komm her, Junge, dich kenne ich doch ...«, sagte er zu mir, als ich zum ersten Mal die Platzanlage betrat. Robert Schäfer mochte mich einfach so, wie ich war. Bei ihm hatte ich nie das Gefühl, ich müsste mich auf eine bestimmte Weise verhalten, um von ihm gemocht zu werden.

Nach zehn Jahren verließ ich den Verein und zog nach Duisburg. Weitere zehn Jahre später kam ich auf den spirituellen Weg. Lange hatte ich nicht mehr an Robert Schäfer gedacht. Vor einiger Zeit kam er mir wieder in den Sinn. Während eines Spaziergangs dachte ich über meine Entwicklung nach. Mir fiel auf, dass sich mein früherer Begleiter »Minderwertigkeitsgefühl« schon lange nicht mehr gemeldet hatte. Ich freute mich darüber, dass ich mittlerweile gelernt hatte, mich wegen meiner selbst zu achten. Mit der

Freude kam die Erinnerung an die erste Begegnung mit Robert Schäfer. Er hatte sich zwar nicht berufen gefühlt, mir zu helfen oder mir Selbstvertrauen zu vermitteln, dennoch – oder vielleicht gerade deshalb – hat er genau das getan. Er hat mein Leben damals verändert, indem er einfach so war, wie er war, und das getan hat, was er immer tat. Der alte Platzwart würde es weit von sich weisen, aber er war einer meiner ersten spirituellen Lehrer: »Komm her, Junge, dich kenne ich doch …«

Meditation: Ich verspreche mir

Nimm deine Hand, so wie du die Hand eines anderen nehmen würdest.
Versprich dir in die Hand, ab jetzt immer auf dich aufzupassen!
Versprich dir in die Hand, dich niemals mehr allein zu lassen!
Versprich dir in die Hand, immer für dich da zu sein!
Versprich dir in die Hand, deine Sorgen und Ängste ernst zu nehmen!
Versprich dir in die Hand, achtsam mit dir selbst zu sein.

Mein es ernst oder Wofür bist du bereit zu sterben?

An einem Sonntagmorgen in den Achtzigern versah ich meinen Dienst auf der Kriminalwache. Die Truppe war pünktlich zum Frühdienst erschienen, nur Helmut fehlte. Er traf – etwas außer Atem – mit einer halben Stunde Verspätung ein.

Da er nicht weit vom Präsidium entfernt wohnte, kam er üblicherweise zu Fuß und, bis zu diesem Tag, immer pünktlich.

»Was war los?«, fragten wir ihn.

»Ich bin überfallen worden«, antwortete er.

Wenige Meter von seiner Wohnung entfernt habe ihn ein Junkie um Geld gebeten. Da Helmut ein sehr freundlicher und hilfsbereiter Mensch ist, wäre dem jungen Mann auch Erfolg beschieden gewesen, wenn er nicht die ganze Zeit mit einem Springmesser vor Helmuts Nase herumgefuchtelt hätte. Offensichtlich wollte er seiner Bitte etwas Nachdruck verleihen. Helmut, der seine Utensilien wie immer in einer Plastiktüte mit sich führte, bat den Bittsteller um ein wenig Geduld und kramte in der Tüte, vermeintlich nach Geld, in Wahrheit nach seiner Dienstpistole. Er fand sie und hielt sie vor das Messer. Der Junkie verglich die Waffen und zog den richtigen Schluss: Er machte auf dem Absatz kehrt und flüchtete.

»Warum hast du den Typen nicht mitgebracht?«, fragten wir etwas verärgert.

»Weil ich dann noch später zum Dienst erschienen wäre. Ich war auch so schon knapp dran«, sagte Helmut. Also machten wir übrigen Polizisten uns auf die Socken und leiteten eine Nahbereichsfahndung an. Wir fanden den Junkie und brachten ihn zur Wache. Am nächsten Morgen wurde er wegen versuchten bewaffneten Raubüberfalls dem Haftrichter vorgeführt. Die Lektion für ihn lautete: Geh niemals mit einem Messer in eine Schießerei!

Die Botschaft ist übertragbar auf das Leben selbst. Wenn wir es mit uns und unseren Entschlüssen ernst meinen, sollten wir auch bereit sein, unser gesamtes Potenzial dafür zu nutzen. Die Ernsthaftigkeit eines Entschlusses zeigt sich manchmal auch an der Bereitschaft, für ihn zu kämpfen. Oft schon haben mir Menschen von Entscheidungen berichtet, die sie für sich und für die Zukunft getroffen hätten. Und immer wieder habe ich ihnen gesagt: »Wunderbar. Dann setz deinen Entschluss mit allem, was du hast, in die Tat um.«

»Nun ja«, sagten dann viele, »nicht gerade mit allem, was ich habe, zumindest noch nicht. Man muss ja nicht gleich mit Kanonen auf Spatzen schießen. Ich versuche es erst einmal auf die sanfte Tour. Ich taste mich voran, und wenn es so sein soll, wird es so kommen, wie ich es möchte.«

»Papperlapapp«, antworte ich in solchen Fällen und lasse dem saloppen Wort zwei Bibelworte folgen. »Erstens: ›Gott ist mit den Tüchtigen‹, und zweitens: ›Nur wer bereit ist, sein Leben zu verlieren, wird es auf ewig gewinnen.‹ Das bedeutet nicht, dass man sein Leben verlieren *wird*, es bedeutet nur, dass man bereit sein muss, es *notfalls* zu verlieren. Tüchtigkeit und Bereitschaft sind zwei Aspekte deiner Ernsthaftigkeit. Wenn du es nicht ernst meinst mit deiner Entscheidung, wie sollte denn das Göttliche es ernst meinen? Das ist einer der Paragrafen im Gesetz der Resonanz. Die göttliche Hilfe entspricht immer deiner Ernsthaftigkeit und Bereitschaft. Die Floskel ›Wenn es so sein soll …‹ ist eine Ausrede für esoterische Phlegmatiker.«

Einige erschrecken sich dann über die Heftigkeit meiner Reaktion. Sie sind überrascht, dass ich ihren Entschluss in diesem Moment offenbar ernster nehme als sie selbst.

Ein Beispiel: Ein Mann hat sich von seiner Lebensgefährtin getrennt. Sie wohnt noch in seinem Haus, und er möchte, dass sie auszieht. Sein Entschluss lautet: »Ich will allein in meinem Haus leben.« Die Exfreundin ist weder Miteigentümerin noch Mieterin, möchte aber in dem Haus bleiben. Meinen Rat, ihr ein angemessenes Ultimatum von vier Wochen zu stellen und dann notfalls am Stichtag, falls sie bis dahin nicht ausgezogen sein sollte, ihre persönlichen Sachen vor die Tür zu stellen und das Schloss auszuwechseln, findet er zu hart. »Ich will es im Guten probieren«, sagt er.

Ein knappes halbes Jahr nach unserem Gespräch ist die Situation unverändert. Sie hat bislang keine erkennbaren Maßnahmen getroffen, um für sich eine neue Wohnung zu suchen, und wohnt immer noch in seinem Haus. Die emotionale Belastung ist für ihn mittlerweile unerträglich geworden. Nun schaltet er einen Rechtsanwalt ein. Sie ebenfalls. Es kommt zu heftigen verbalen Auseinandersetzungen im Haus. Sie packt ihn an, er packt sie an, und keiner weiß mehr, wer wen zuerst angepackt hat. Sie stellt einen Strafantrag gegen ihn wegen Körperverletzung. Er stellt einen Strafantrag wegen Verleumdung. Nach weiteren drei Monaten und ein paar Gesprächen mit staatlichen Streitschlichtern ist die Sache erledigt. Die Strafverfahren wegen Körperverletzung und Verleumdung werden eingestellt. Sie ist mittlerweile aus dem Haus ausgezogen und hat eine neue Wohnung.

Er wollte es nicht zum Bittersten kommen lassen, und das Bitterste ist passiert. Das hätte er meines Erachtens auch ein dreiviertel Jahr früher haben können. Und ich bin überzeugt davon, dass die Geschichte dann zwar lauter, letztendlich aber glimpflicher verlaufen wäre. Es wäre ein Ende mit Schrecken gewesen, so war es ein Schrecken ohne Ende. Weil er damals nicht bereit war, notfalls alle Mittel auszuschöpfen, wurde er genau dazu gezwungen. Wäre er von Anfang an bereit gewesen, alle Mittel auszuschöpfen, hätte er es vermutlich nicht tun müssen. Oder anders ausgedrückt: Er war mit einem Messer in eine Schießerei gegangen.

Nun appelliere ich nicht, zu jedem Beziehungsgespräch ein paar Jungs von der Fremdenlegion mitzubringen, sondern vielmehr, die eigenen Entschlüsse im Hinblick auf Ernsthaftigkeit und Bereitschaft zu überprüfen: »Will ich das ernsthaft und bin ich bereit, alles dafür zu tun?« Wenn nicht, sollte man sich nicht lange damit aufhalten und es vergessen.

Manchmal stelle ich in meinen Seminaren die Frage: »Wofür bist du bereit zu sterben?« Diese Frage ist gleichbedeutend mit den Fragen: »Wofür lebst du? Was ist der Sinn deines Lebens?« Alle großen Visionäre haben gewusst, wofür sie lebten, und am Ende ihres Lebens haben sie auch gewusst, wofür sie starben. Das Dilemma vieler Menschen ist, dass sie glücklich werden wollen und nicht wissen, wie das geht. Ihnen ist nicht bewusst, dass ihr Glück verbunden ist mit dem Auftrag ihrer Seele. Und dieser Auftrag besteht darin, etwas zu erschaffen, was die eigene Vergänglichkeit überdauert. Die Erbauer des Kölner Doms sind längst verstorben, ihre Schöpfung steht immer noch. Michelangelo ist längst verstorben, seine Werke existieren immer noch.

Nun fühlt sich nicht jeder berufen, einen Dom zu bauen oder jahrelang die Decke einer Kathedrale zu streichen, aber dennoch hat jeder Mensch einen schöpferischen Auftrag. Allein die Erfüllung dieses Auftrags wird ihn glücklich machen können.

Die Frage nach dem Glück lautet also: »Was ist dein Projekt? Wofür würdest du auch am letzten Tag deines Lebens noch aufstehen, um es anzupacken?« Dieses Projekt kann ein Bauwerk oder eine Idee sein, es kann ein Kind beziehungsweise die Gründung einer Familie und vieles mehr sein. Die Kunst, glücklich zu werden, besteht nicht zuletzt darin, dass man seinen persönlichen Auftrag erkennt und dann den Mut aufbringt, ihn auch konsequent umzusetzen.

Der Selbstzweifel eines Menschen ist zugleich der Zweifel, ob das Leben, das er führt, wahrhaft das eigene ist. »Bin ich richtig so, wie ich jetzt bin? Ist mein Leben richtig so, wie es jetzt ist?«, lauten die Fragen. Sobald man seine Wahrheit gefunden hat, verschwinden die Zweifel. »Wo deine Freude ist, ist auch deine Wahrheit«, sagten mir meine geistigen Lehrer (von ihnen wird später noch die Rede sein). »Das Projekt, mit dem du es wirklich ernst meinst, ist das, was dir die größte Freude und zugleich das größte Leid schenken kann. Umgekehrt kannst du nur zur Freude gelangen, wenn du es mit dir und deinem Leben wahrhaft ernst meinst. Du musst bereit sein, für deine Wahrheit alles zu geben.«

Eine der stärksten Aussagen von Jesus lautet: »Ich bin der Weg, die Wahrheit und das Leben. Folge mir nach.« Mach es wie ich: Viele haben ihn später missverstanden. Sie glaubten, sie müssten den Weg Jesu gehen, die Wahrheit Jesu erkennen und ein Leben so wie Jesus führen. »Folge mir nach« bedeutet jedoch: »Nimm dir ein Beispiel an mir. Tu es so, wie ich es getan habe. Geh deinen Weg, erkenne deine Wahrheit und leb dein Leben.« Und zwar in dieser Reihenfolge! Ich muss zuerst den Weg gehen, bevor ich die Wahrheit erkennen kann. Viele wollen vorher einen Plan haben, gleichsam einer Landkarte. Doch wie könnte es eine Landkarte von meinem höchstpersönlichen Lebensweg geben? Wer anders als ich könnte diese Karte zeichnen? Und wie könnte ich die Karte zeichnen, ohne den Weg zu kennen? Und wie anders könnte ich den Weg kennenlernen als dadurch, ihn zu gehen?

Eine Teilnehmerin meiner Meditationskurse hat Musik im Blut. Sobald ein Klang ertönt, beginnt ihr Körper zu tanzen. Es gelingt ihr nicht, während einer Meditation ruhig zu sitzen. Ihr Oberkörper wiegt sich ständig im Takt der Musik. Sie ist eine hochspirituelle Frau, voller Power und in der Lage, andere Menschen von ihren Botschaften zu begeistern. Ihr Wunsch war, einen Tanzevent zu leiten.

»Tu es!«, sagte ich.

»Aber wie sollte das gehen?«, fragte sie. »Ich habe doch keine Idee, was ich bei so einem Event machen könnte.«

»Du willst den zweiten Schritt vor dem ersten tun«, sagte ich. »Du musst zuerst den Event organisieren, die Ideen kommen dann von allein. Such dir einen Termin, einen Raum, und dann geh Menschen fischen. Sprich Leute an und mach Werbung für deinen Event. Sobald du das getan hast, wird sich ein Kanal der Inspiration öffnen, und du wirst dich vor Ideen nicht mehr retten können. Du musst dem Universum beweisen, dass du es wirklich ernst meinst mit deinem Projekt. Deine ernsthafte Absicht beweist du dadurch, indem du alles bedingungslos organisierst. Zurzeit machst du noch die Bedingung, Ideen für den Inhalt zu haben. Befrei dich von dieser Bedingung. Geh den Weg, und du wirst die Wahrheit, in deinem Fall die Ideen, entdecken.«

Einige Wochen später fand am Niederrhein der erste von ihr veranstaltete Meditations- und Tanzevent statt.

Der Meditations- und Reiki-Lehrer Florian Karch präsentierte während seiner Ausbildung bei uns die folgende Arbeit: Er erzählte von der Titanic, die 1912 unterging. An Bord befanden sich 2224 Menschen, untergebracht in drei Kategorien. Die Reichen fuhren erster Klasse, die Ärmeren fuhren zweiter oder dritter Klasse. Als das Schiff unterging, empfanden die Menschen in sich keinen Klassenunterschied mehr, jeder war in diesen Stunden einfach nur ein Mensch, der überleben wollte. Nach dem Untergang stellte die Reederei in Liverpool zwei Gedenktafeln auf. Auf der einen Tafel stehen die Namen der Überlebenden: »Known to be saved« (»Bekannt als gerettet«), auf der zweiten Tafel stehen die Namen der Ertrunkenen: »Known to be lost« (»Bekannt als verloren«). Und dann sprach Florian über die Menschen in seinem Leben, von denen sich einige der sogenannten High Society zugehörig fühlen, in deren Augen er jedoch noch nie den Funken der Freude hätte sehen können. Diese stünden im übertragenen Sinne auf der Tafel derjenigen, die ihr Leben verloren hätten. Umgekehrt kenne er Menschen, die nicht reich an Geld, dafür aber glücklich seien. Sie stünden im übertragenen Sinne auf der Tafel derer, die ihr Leben gerettet hätten. Dann bat Florian die Teilnehmer darum, die

Augen zu schließen und sich selbst die Frage zu stellen: »Auf welcher Tafel steht mein Name? ›Known to be lost‹ oder ›Known to be saved‹?«

Hab den Mut, ein Narr zu sein!

»Was möchtest du abgeben?«, lautete die Frage, die mir meine Reiki-Lehrerin Christa während meines ersten spirituellen Seminars stellte.

»Ich möchte die Kontrolle abgeben«, gab ich zur Antwort.

In den neunziger Jahren hatte ich mich nach einer Lebenskrise auf ein Reiki-Seminar eingelassen. Allein dies war schon bemerkenswert. Als Kriminalbeamter hielt ich mich bis dahin ausschließlich an Fakten und Beweise. Ich war ein sehr vernunftorientierter und in vielen Dingen dogmatischer Mensch. Und genau das war mein Problem: Ich spürte keine Leichtigkeit mehr in mir. Der Verlust der Leichtigkeit war die Folge meiner langjährigen Kontrollsucht.

Auch heute noch neige ich zum Perfektionismus. Entweder mache ich etwas ganz oder gar nicht. Dazwischen gibt es für mich nichts. Diese Eigenschaft ist auf der einen Seite vorteilhaft, weil ich ganz in das Thema meiner Wahl einsteige. Deshalb habe ich auch die Möglichkeit, tiefe Erfahrungen zu machen. Ich bleibe nicht an der Oberfläche hängen, sondern gehe »meiner« Sache auf den Grund. Der Nachteil dieser Eigenschaft ist, dass mir manchmal die Unbeschwertheit fehlt. Der Perfektionist will etwas nicht können, sondern es beherrschen, und er verwechselt das eine mit dem anderen.

Mittlerweile habe ich erkannt, dass ich mich entweder für das *Können* oder für das *Beherrschen* entscheiden muss. Die Frage lautet: »Will ich bezüglich meiner Sache ein Künstler oder ein Herrscher sein?« Beides zugleich geht nicht. Der Künstler erschafft mit Leichtigkeit, der Herrscher ist bereit, das gewünschte Ergebnis notfalls zu erzwingen. Der Perfektionist ist fixiert auf das Ziel. Er kontrolliert ständig, ob das Ergebnis gut oder schlecht ist, und fragt sich, was er besser machen müsste. Der Künstler konzentriert sich vielmehr auf das Tun. Das Erschaffen selbst bereitet ihm Freude, das Ergebnis kommt dann von allein. Eines der Geheimnisse des Lebens ist, dass sich der Lohn erst dann einstellt, wenn wir ihn nicht mehr einfordern. Sobald wir die Freude an unserem Tun selbst als Lohn begreifen können, dürfen wir uns über die Geschenke wundern, die anschließend von außen kommen.

Je kontrollierter ein Mensch ist, desto weniger spontan und desto inflexibler wird er. Der Kontrolleur hat eine konkrete Vorstellung davon, wie etwas sein muss. Er hat einen Plan. Der Plan setzt Grenzen, die nicht überschritten werden dürfen. Der Kontrolleur will verhindern, dass etwas »aus dem Ruder läuft«. Nichts Unplanmäßiges darf geschehen. Der Kontrolleur muss immer auf der Hut sein. Er wittert überall Gefahr. Freiheit ist ihm ein Graus. Grenzenlose Freiheit gefährdet den Plan.

Ein besseres Konzept als Kontrolle ist die Achtsamkeit. Die Achtsamkeit will im Gegensatz zur Kontrolle keine Macht ausüben. Sie beob*achtet* vielmehr und wirkt auf diese Weise durch sich selbst. Der Achtsame weiß, dass er das Leben nicht beherrschen kann. Gerade deshalb muss er achtsam sein.

Nachdem ich auf die Frage von Christa, was ich abgeben wolle, geantwortet hatte, vollzog sie zusammen mit den übrigen Seminarteilnehmern ein Ritual, um mich von meiner Kontrolle zu befreien. Dazu legte ich mich mit dem Gesicht nach unten auf den Boden, und die Anwesenden strichen die Kontrolle aus meiner Aura. Währenddessen riefen alle: »Kontrolle weg!«

Für einen eher kopflastigen Polizisten wie mich war diese Aufführung im höchsten Maße gewöhnungsbedürftig. »Ich mach mich hier zum Narren«, dachte ich. Tröstlich war die Gewissheit, dass mich in diesem Moment niemand von meinen Kollegen sehen konnte.

Die Wirkung des Rituals zeigte sich jedoch verblüffend schnell. Nach dem Seminartag begab ich mich auf mein Zimmer in dem Gasthof des Ortes. Erschöpft setzte ich mich auf das Bett, welches daraufhin sofort einkrachte. Eine Tatsache, die heute weitaus weniger erstaunlich wäre als damals. Ein Hänfling war ich nie, doch 1997 trainierte ich noch regelmäßig in Fitnessstudios und hatte dementsprechendes Kampfgewicht. Seitdem sind fünfzehn Jahre und genauso viele Kilogramm hinzugekommen.

Ich erhob mich von den Trümmern des Betts und begab mich nach unten an die Rezeption, wo ich um ein neues Bett respektive um ein neues Zimmer bitten wollte. Auf dem Weg dorthin stieß ich mit dem Kopf gegen eine Lampe, die in Fußballpendelhöhe von der Decke hing.

Nachdem mein Zimmertausch erfolgreich abgeschlossen war, setzte ich mich erschöpft in den Gastraum und bestellte Essen und Trinken. Als mir die Kellnerin beides am Tisch servierte, touchierte ich mittels einer ungeschickten Handbewegung das Tablett mit den Getränken, das sie auf ihren Händen balancierte. Anschließend half ich ihr dabei, die feuchte Sauerei auf Tisch und Boden zu beseitigen.

Den Schlusspunkt setzte ich am nächsten Tag während einer Seminarpause in einem Café, indem ich einen älteren Herrn am Nebentisch versehentlich anrempelte, als dieser im Begriff war, eine heiße Tasse Kaffee zu trinken. Er hatte die Tasse bereits am Mund, als ihn meine Schulter am Rücken erwischte. Niemals zuvor hatte ich mich innerhalb von zwei Tagen so oft »Entschuldigung« sagen hören.

Ich ging zu meiner Reiki-Lehrerin und fragte sie, ob sie auch ein Ritual kenne, durch das man wenigstens ein bisschen Kontrolle zurückgewinnen könne.

In den darauffolgenden Monaten bemerkte ich eine Veränderung in mir. Die Freude kehrte langsam zurück. Ich betrachtete mein Leben nun nicht mehr länger als ein Problem, das ich lösen müsste, sondern vielmehr als einen Prozess, den ich erfahren durfte. Ich erkannte, dass meine Kontrolle eine Strategie des Verstandes war, um mich vor Gefühlen zu schützen. Ich begriff, dass ich das Leben in mir nur spüren, nicht aber denken konnte. Und je mehr ich die Freude in mir fühlte, desto mehr verschwand auch mein Ehrgeiz.

Die Ursache für Ehrgeiz ist oft ein mangelndes Selbstwertgefühl, fehlende Selbstachtung. Der Ehrgeizige will sich und anderen beweisen, dass er es wert ist, geachtet und geliebt zu werden. Ohne Leistung gibt es keine Gegenleistung, lautet der Glaubenssatz des Ehrgeizigen. Die Gegenleistung ist die Wertschätzung durch die anderen. Diese wiederum ist nötig, damit sich der Ehrgeizling selbst wertschätzen kann. Ein Teufelskreis. So hatte ich lange Zeit nach Führungsfunktionen in meinem Job gestrebt, um mich von dem permanenten Gefühl zu befreien, in der Hierarchie unter jemand anderem zu stehen. Dieses Gefühl, minderwertig zu sein, hatte ich von Kindheit an. Ich glaubte, es würde verschwinden, wenn ich die Karriereleiter erst mal ein wenig erklommen hätte. Das war jedoch ein Irrtum, wie ich immer wieder feststellen musste. Ich war Kriminalkommissar, und das Gefühl war da. Später wurde ich Kriminaloberkommissar, und das Gefühl war immer noch da. Es verschwand auch nicht mit der Beförderung zum Hauptkommissar. Immer dann, wenn ich eine Stufe nach oben gestiegen war, sah ich jemanden, der noch höher stand.

Ehrgeiz ist ein inneres Programm. Worauf sich der Ehrgeiz richtet, ist unerheblich. Der Ehrgeiz sucht so lange, bis er ein Thema hat, an dem er sich austoben kann. Wenn es beruflich nicht (mehr) geht, sucht sich der Ehrgeiz eben etwas anderes. Es gibt etliche Beispiele von Menschen, die beruflich an ihre Grenze kamen und sich dann neu orientierten. Ein klassischer Fall ist der Manager, der nach einem Herzinfarkt beschließt, beruflich kürzerzutreten und sich bewusster zu ernähren und zu bewegen. Bis dahin hatte er an sechs Tagen in der Woche mindestens zwölf Stunden gearbeitet und sich währenddessen meist von Fastfood ernährt. Nach den langen Arbeitstagen hatte er sich regelmäßig den Bauch mit Pizza und Bier vollgeschlagen. Nun haben Körper und Seele mittels Herzinfarkt die Reißleine gezogen. Er zieht die Konsequenzen: Ein Jahr später absolviert er als Veganer und Abstinenzler seinen ersten Marathonlauf, wiederum ein Jahr später trainiert er für den Triathlon. Sein Ehrgeiz hat sich vom Beruf auf Bewegung und Ernährung verlagert. Entscheidend passiert ist nichts. Er glaubt zwar, jetzt gesünder zu leben, dabei hat der Hamster aber nur das Rad gewechselt.

Die Gefahr beim Ehrgeiz besteht darin, niemals anzukommen. Sobald der Ehrgeizige etwas erreicht hat, sieht er am Horizont sofort wieder ein neues Ziel. Das ist nicht nur schlecht, neue Ziele eröffnen Perspektiven. Gefährlich ist es jedoch, ohne Unterbrechung von einem Ziel zum nächsten zu hetzen und die Augenblicke dazwischen nicht zu genießen.

Vor kurzem las ich den Satz: »Ich hatte ein schönes Leben. Leider habe ich es zu spät gemerkt.« Genau das ist das Schicksal des Ehrgeizigen. Genuss ist nur in der Gegenwart möglich, der Ehrgeiz aber lebt immer in der Zukunft. Der Genießer fühlt sich mit dem verbunden, was jetzt für ihn da ist. Der Ehrgeizige hingegen fühlt sich immer getrennt von dem Ziel seiner Begierde.

Ehrgeiz gründet auf der Vorstellung des Mangels. Der Verstand redet dem Ehrgeizigen ein, er hätte noch nicht genug getan, noch nicht genug erreicht, noch nicht genug geleistet. Der (ehrgeizige) Verstand ist immer zielorientiert, das heißt, er bewertet jedes Tun, jeden Prozess nach dem Ergebnis, das am Ende steht, und vergleicht es mit dem Ergebnis, das nach seiner Meinung am Ende stehen sollte. Die Diskrepanz zwischen dem gewünschten und dem tatsächlich erreichten Ergebnis empfindet er als Mangel, sie macht ihn unzufrieden. Das Herz hingegen ist in diesem Sinne nicht ehrgeizig. Es entwickelt keine Strategien, stellt keine Kriterien auf und erarbeitet keine Karrierekonzepte, weder weltliche noch spirituelle. Das Herz arbeitet nicht auf ein endgültiges Ziel hinaus. Es hat sich nicht vorgenommen, den letzten ultimativen, besonderen Herzschlag zu kreieren. Sein Ziel ist der Prozess selbst, nicht ein Ergebnis an dessen Ende. Sein Projekt ist der Kreislauf des Lebens.

Das Wesen der Schöpfung ist das *Werden*. Dabei geht es nicht um die Herstellung eines Produktes, das nach der Entstehung fertig ist. Schöpfung ist ein immerwährender Prozess, der niemals abgeschlossen ist. Es gibt im *Werden* keine Endstufe. Jegliches Streben, das Paradies zu erreichen, ist vergebens, weil ich bereits dort bin. Diese Erkenntnis steht am Ende allen Suchens.

Ein junger Kampfkünstler sucht einen alten, erfahrenen Meister auf. Er bittet darum, als dessen Schüler angenommen zu werden.

»Wie lange brauche ich, um so gut wie du zu sein?«

»Zehn Jahre«, sagt der Meister.

»Und wenn ich mich richtig anstrenge, wie lange dauert es dann?«

»Mindestens dreißig Jahre«, sagt der Meister.

Reflextraining: Wenn das Verlangen angreift

Sobald du einen Impuls oder ein Verlangen spürst, dem du nicht folgen oder nachgeben möchtest, stoppe jede Bewegung. Werd für zehn Sekunden still und regungslos.

In meiner früheren Stammkneipe verkehrte ein Mann, dessen Leidenschaft Zigaretten waren. Er betrieb sein Hobby in Theorie und Praxis. Er wusste alles über die Herkunft und den Anbau von Tabak, verfügte über eine Sammlung internationaler Zigarettenmarken und rauchte wie ein Schlot. Über den Tabakladen seines Vertrauens bestellte er regelmäßig die unterschiedlichsten Sorten aus allen Ländern.

Eines Tages verkündete er an der Theke stolz, dass es ihm gelungen sei, die stärksten Zigaretten der Welt zu beschaffen. Dabei handelte es sich meiner Erinnerung nach um eine Sorte aus Südamerika. Da sie mit mitteleuropäischen Lungen nicht »kompatibel« wären, könne man diese Zigaretten in deutschen Tabakläden nicht kaufen, berichtete er. Einen richtigen Lungenzug könne man davon nicht nehmen, das würde selbst er, der einiges gewohnt sei, nicht verkraften. Nur selten nähme er sich eine Zigarette dieser Marke und ziehe ganz, ganz vorsichtig daran.

Da er als starker Raucher nachts regelmäßig von seiner Nikotinsucht geweckt wurde, lagen auf seinem Nachttisch immer eine Packung Zigaretten nebst Feuerzeug und Aschenbecher. Sobald das Verlangen kam, stand er auf und setzte sich in den Sessel, der neben Bett und Nachttisch stand. In einer Nacht vergriff er sich, erwischte im Dunkeln statt seiner gewohnten Stammmarke versehentlich die Packung mit den südamerikanischen Zigaretten, zündete eine davon an und nahm einen sehr tiefen, tiefen Lungenzug … Zwei Stunden lang sei er anschließend nicht aus dem Sessel herausgekommen, erzählte er mir ein paar Tage später, als wir uns wieder in der Kneipe trafen. »Der eine

Zug hat mich total aus den Schuhen gehauen. Ich war vollkommen bewegungslos, konnte nichts mehr tun«, sagte er.

Es gibt Situationen, in denen ist das Nichttun schwieriger als das Tun. Für einen Alkoholiker beispielsweise ist es in manchen Momenten schwieriger, nicht zu trinken, als zu trinken. Für einen Raucher ist es manchmal schwieriger, nicht zu rauchen, als zu rauchen. Für andere wiederum ist es oft schwieriger, die Finger von Süßigkeiten zu lassen, als zuzugreifen – und so weiter. Der Angriff des Lebens erfolgt in diesen Fällen durch ein Verlangen, dem man nicht (mehr) nachgeben möchte. Der Vorsatz, es künftig nicht mehr zu tun, reicht allein nicht aus. Nicht jeder verfügt über die mentale Willensstärke, das Verlangen durch dauerhaftes Nichtbeachten zu besiegen. Das Dilemma ist, dass das Verlangen umso stärker wird, je mehr man versucht, es zu ignorieren. Gibt man dem Verlangen jedoch nach, folgen ein schlechtes Gewissen und das Gefühl, versagt zu haben. So entsteht leicht ein Teufelskreis von Vorsatz, Verlangen und Versagen. Das Gefühl des Versagens ist ein Angriff auf die Selbstachtung.

Als ehemaliger Raucher weiß ich, dass eine Schmachtattacke nach einer Zigarette nicht länger als zehn Sekunden andauert. Diese Zeit gilt es auszuharren. Dabei hilft die Technik der absoluten Regungslosigkeit, so wie sie mein Zigarettensammlerfreund damals unfreiwillig in seinem Sessel ausgeübt hat. Bei uns nur eben nicht nach dem Inhalieren, sondern vorher. Auch müssen wir uns dafür keine zwei Stunden Zeit nehmen, zehn Sekunden Bewegungsstille reichen völlig aus, um das momentane Verlangen nach Nikotin schadlos zu überstehen. Das Gleiche gilt nicht nur für die Lust auf Tabak.

Nun möchte ich nicht behaupten, dass ein Alkoholiker mit dieser Technik allein seine Sucht besiegen kann, aber sie wird auf jeden Fall dabei hilfreich sein. Der Griff zu dem Objekt des Verlangens ist eine Sekundenaktion. Im Moment des ersten Schlucks aus dem Glas und des ersten Zugs an der Zigarette ist die Aktion sowohl begonnen als auch vollbracht. Ab dann gibt es kein Zurück und meistens auch kein Einhalten mehr. »Jetzt ist es eh zu spät«, sagt der Verstand und erlaubt sich den zweiten Schluck beziehungsweise Zug.

An dem Verlangen selbst können wir nichts ändern, aber wir können die Reaktion auf das Verlangen ändern. Wir können uns einen anderen Reflex antrainieren. Je einfacher das Training ist, desto leichter kann es gelingen. Und was könnte einfacher sein, als nichts zu tun? Das Prinzip lautet: Wenn du in einer Situation *etwas* nicht tun möchtest, dann tu zehn Sekunden *überhaupt* nichts.

Nach zehn Sekunden sind die meisten Impulse verflogen oder zumindest abgeschwächt. Das gilt für den Umgang mit Genussmitteln ebenso wie für den Umgang mit unseren Mitmenschen. In manchen Situationen folgen wir dem Impuls, uns gegenüber einem Menschen auf eine bestimmte, eher destruktive Weise zu verhalten, und nehmen uns anschließend vor, es demnächst anders zu machen. Der Vorsatz hält aber nur bis zu genau dem Augenblick, in dem wir das nächste Mal in eine ähnliche Situation geraten, im Beruf, in der Kindererziehung, in der Partnerschaft und so weiter. Wir haben zwar eine Vorstellung davon, wie dieses »Andersmachen« aussehen könnte, schaffen es in der jeweiligen Situation aber nicht, diese Vorstellung auch in die Tat umzusetzen, und handeln stattdessen so, wie wir immer gehandelt haben.

Der Impuls ist generell stärker als der Vorsatz. Da der Impuls aber nicht länger als zehn Sekunden Bestand hat, hilft es, genau diese Zeit zu warten und einfach nichts zu tun. Die Stille verändert nicht nur den inneren Impuls, sondern auch die äußere Situation. Es wird anders laufen als gewohnt, das kann ich versprechen!

Für meinen Teil werde ich die Technik in der nächsten Saison im Fußballstadion anwenden. In den vergangenen Jahren habe ich ein regelrechtes Tourettesyndrom entwickelt, das mich von meinem Tribünenplatz aus Schimpfwortattacken in Richtung Spielfeld schleudern ließ, sobald der Schiedsrichter eine Fehlentscheidung getroffen hatte. Der Vollständigkeit halber muss ich erwähnen, dass Fehlentscheidungen für mich alle Entscheidungen sind, die nicht zugunsten des MSV Duisburg ausfallen. Wenn in der nächsten Spielzeit die anderen Zuschauer um mich herum empört von ihren Sitzen hochspringen, werde ich regungslos sitzen bleiben. Zumindest für zehn Sekunden …

Resümee des ersten Kapitels

Sei stolz auf das, was du geleistet hast, und sei stolz auf die Geschenke, die du erhalten hast. Wahrer Stolz ist keine Überheblichkeit, sondern das Gefühl der Wertschätzung und Dankbarkeit.

Vergleiche dich mit nichts und niemandem und begegne allem und jedem auf Augenhöhe. Wahres Selbstwertgefühl sieht in allem das Einzigartige und kennt keine Hierarchien.

Mein es ernst mit dir und deinen Entscheidungen und sei bereit, dein gesamtes Potenzial zu nutzen. Damit setzt du das göttliche Gesetz in Kraft: Gott ist mit den Tüchtigen.

Strebe nicht nach der Anerkennung von anderen und vermeide den Ehrgeiz, dir selbst und anderen etwas beweisen zu müssen. Wahre Selbstachtung definiert sich nicht über Leistung und Gegenleistung, man kann sie sich nicht verdienen.

Kapitel 2

Klarheit

»Der Mensch ist unglücklich, weil er nicht weiß, dass er glücklich ist. Nur deshalb. Das ist alles, alles! Wer das erkennt, der wird gleich glücklich sein, sofort, im selben Augenblick.«

Fjodor M. Dostojewski

Kampfkunst des Herzens: Heilung

Leg deine rechte Hand an dein Herz und schließ die Augen.
Lass zunächst das Gefühl der Akzeptanz in dir entstehen.
Sag dir: »Ich nehme mein Leben jetzt so an, wie es ist.«
Dann richte deinen Blick auf das Schöne und Gute in deinem Leben.
Mach dir bewusst, was alles für dich da ist, was du liebst und was dich erfreut.
Lass die Dankbarkeit in dir entstehen.
Nun verbinde dich mit den Verletzungen in deinem Leben.
Verletzungen, die du erfahren hast, Verletzungen, die du zugefügt hast.
Mach dir bewusst, dass du manchmal Opfer warst.

Mach dir bewusst, dass du manchmal auch Täter warst.
Und dann lass Heilung in deinem Herzen entstehen!

Lächle und winke – Der gute Ruf oder Das Geschwätz der anderen

Kürzlich sagte mir eine Freundin: »Ich darf nicht lästern, das gibt schlechtes Karma.«

»Vielleicht ist es ja auch andersherum«, hielt ich entgegen. »Was du in diesem Leben nicht ablästerst, nimmst du ins nächste mit …«

Sie versprach, darüber nachzudenken. Blöd ist nur, wenn man selbst derjenige ist, über den hergezogen wird. Doch gibt es keine Strategie, dies zu vermeiden. Kein Mensch mit sozialen Kontakten kann verhindern, dass man über ihn redet. Für manchen Prominenten wäre dieser Gedanke sogar geradezu albtraumhaft. Einige Berühmtheiten nehmen lieber in Kauf, dass man schlecht über sie berichtet, als gar nicht. »Ein guter Ruf kommt weit, ein schlechter noch viel weiter«, heißt es in einem serbischen Sprichwort, das auch in diesem Zusammenhang zutrifft.

Im gleichen Maße, wie manche gut über uns sprechen, müssen wir es auch hinnehmen, dass andere schlecht über uns reden. Es gibt nur wenige Menschen, die ausnahmslos von allen gut gelitten sind. Und von diesen wenigen sind die meisten bereits tot. Vielleicht hängt das eine auch mit dem anderen zusammen. Schließlich spuckt ein Toter niemandem mehr in die Suppe. Manch einer verdankt seinen guten Ruf post mortem nicht zuletzt dem Umstand, dass ihn von den jetzigen Zeitgenossen niemand mehr in Aktion gesehen hat. Wer weiß schon, wie Jesus und die Heiligen wirklich »drauf waren«? Auch in der jüngeren Geschichte gibt es Beispiele spiritueller Persönlichkeiten, die aktuell einen besseren Leumund haben als zu ihren Lebzeiten. Chandra Mohan Jain zum Beispiel war im vergangenen Jahrhundert der Schrecken vieler gutbürgerlicher Familienoberhäupter, die befürchteten, ihre Töchter und Söhne könnten in die Fänge dieses Sektenführers geraten, der von seinen Anhängern zunächst »Rajneesh Bhagwan« und später »Osho« genannt wurde. Seine Gegner bezeichneten ihn damals als Sexguru, heute wird er von Millionen Menschen weltweit verehrt. Je länger er tot ist, desto besser scheint sein Ruf zu werden.

Der Vollständigkeit halber muss gesagt werden, dass sich zu seinen Lebzeiten nur die wenigsten mit seinen Botschaften beschäftigt hatten. Die meisten gaben sich mit den Gerüchten und Skurrilitäten zufrieden, die aus dem Zusammenhang gerissen vor allem von den Klatschblättern gern und ausgiebig ausgeschlachtet wurden. Auch war das spirituelle Interesse in der Bevölkerung früher nicht so ausgeprägt wie heute. Die Abteilung »Esoterik« war in den großen Buchhandlungen noch nicht etabliert. Mittlerweile rümpft kein Buchhändler mehr die Nase, wenn man ein Buch von Osho bestellt. Sein Werk ist sogar Bestandteil der indischen Nationalbibliothek.

In vielen Fällen bekommen wir nicht mit, wenn andere schlecht über uns sprechen. In anderen Fällen wiederum, in denen wir davon hören, berührt es uns nicht. Dann können wir es getrost ignorieren und nach dem Motto verfahren: Was schert es den Berg, wenn ein Hund ihn anpinkelt?

Solange wir die Aussagen anderer nicht hören beziehungsweise sie uns nicht stören, bleiben wir mit uns im Reinen und behalten unsere Klarheit. Was aber ist, wenn uns die Nachrede der anderen verletzt? Wie sollen wir damit umgehen? Sollen wir dann gute Miene zum bösen Spiel machen, obwohl uns nicht danach zumute ist? Ein Zyniker formulierte diese Strategie mit den Worten: »Lächle und winke. Du kannst nicht alle töten, aber vielleicht so stark irritieren, dass sie vor einen Bus laufen …«

Oft schon habe ich Sätze gehört wie: »Ich weiß ja, dass ich vergeben muss, aber ich schaffe es nicht.« Dann frage ich: »Wer sollte denn der Adressat deiner Vergebung sein? Der andere oder nicht vielmehr du selbst?«

Vergeben bedeutet Abgeben im Sinne von Loswerden. Es bedeutet nicht, die Worte oder Taten gutzuheißen, durch die ich mich verletzt fühle. Ein Beispiel: Ein Freund hat an unserem Tisch gesessen. Wir haben ihm zu essen und zu trinken und Unterkunft für die Nacht gegeben. Wir haben ihm die Tür zu unserem Haus geöffnet und ihm vertraut. Dann hören wir, dass unser Freund gegenüber anderen schlecht über uns spricht. Wir erfahren es durch einen Dritten »im Vertrauen«. Der Dritte bittet uns darum, dass wir die Information »für uns behalten sollen«, da er selbst nicht als Denunziant dastehen will.

Nun verfügen wir über das Wissen, dürfen es aber nicht verwenden. Wir befinden uns in einem Dilemma und sind machtlos. Der Bote hat uns schweres Gepäck gegeben und zugleich die Möglichkeit genommen, es wieder abzulegen. Was also sollen wir tun? Den Freund zur Rede stellen würde bedeuten, das Vertrauen des Boten zu verletzen. Sollen wir den Kontakt zu unserem Freund kommentarlos abbrechen? Das wäre feige und vielleicht auch ungerecht, weil der Freund keine Gelegenheit hätte, sich zu verteidigen. Sollen wir die Freundschaft weiter pflegen und so tun, als verfügten wir nicht über die Information? Das wäre unwahrhaftig, wir könnten es nicht mit reinem Herzen tun. Wenn wir versuchen, unseren Ärger zu ignorieren, belügen wir uns selbst. Wir haben nur eine Chance: *den Ärger zuzulassen, ohne deswegen ein schlechtes Gewissen zu haben.*

Sobald wir uns darüber ärgern, *weil* wir uns ärgern, haben wir doppeltes Gepäck auf unseren Schultern. Eine der zentralen Botschaften meiner geistigen Lehrer war Totalität: »Lebe total«, sagten sie. »Wenn du dich freust, freu dich total; wenn du traurig bist, sei es total. Und wenn du zur Hölle fährst, fahre total zur Hölle. Sobald ein totaler Mensch die Hölle erreicht, verändert die Hölle ihre Qualität und wird zum Himmel.«

Ich gebe gern zu, dass die Wortwahl meiner geistigen Lehrer ab und an gewöhnungsbedürftig war. Ihre Lektionen aber waren klar und hilfreich. Sie vermittelten, dass Himmel und Hölle keine Orte im Außen, sondern Zustände im Innern des Menschen sind. Der Himmel ist ein Zustand der Glückseligkeit, die Hölle ist ein Zustand der Zerrissenheit. Die Glückseligkeit ist vollkommen, alles ist für uns da, nichts fehlt. Wir spüren die Verbindung zu allem, was ist. In der Zerrissenheit fühlen wir uns einsam und getrennt. Sobald wir uns erlauben, unser derzeitiges Gefühl total zu leben, anstatt dagegen anzukämpfen, lösen wir die Trennung auf.

Übertragen auf unser Thema lautet die Botschaft: Wenn du ärgerlich bist, sei es total! Der Ärger ist das Symptom einer emotionalen Verletzung. Was für körperliche Wunden gilt, gilt gleichermaßen für emotionale Wunden: Je stärker die Verletzung ist, desto länger dauert die Heilung. Der Prozess der Heilung beginnt damit, das Symptom nicht zu leugnen, sondern vielmehr zuzulassen. Das ist praktizierte Klarheit. Wer den Ärger in sich unterdrückt, etwa aus Sorge um den »guten Ruf«, wird von ihm aufgefressen. Unterdrückter Ärger wirkt sich auch auf die Wahrnehmung aus. Solange wir mit uns selbst nicht im Reinen sind, können wir auch mit unseren äußeren Erfahrungen nicht im Reinen sein. Der Ärger verhindert eine klare Sicht auf die Angelegenheiten unseres Lebens. Auf Dauer sehen wir dann auch nicht mehr seine schönen und guten Seiten.

»Wenn du hervorbringst, was in dir ist, wird es dich retten; wenn du es nicht tust, wird es dich zerstören«, sagte Jesus. Das gilt für die Freude ebenso wie für die Traurigkeit. Der Ärger muss ans Licht. Er muss von innen nach außen getragen werden. Sobald er im Außen ist, muss er losgelassen werden. Denn es ist nur ein schmaler Grat zwischen Zulassen und Festhalten. Solange wir den Ärger zulassen, fließt die Energie des Lebens in der aufbauenden Richtung, sobald wir ihn jedoch festhalten, kehrt die Energie um und greift uns an.

Das Loslassen erfordert eine Tat. Den wenigsten gelingt es, den Ärger einfach »wegzumeditieren«. Die Tat kann ein klärendes Gespräch mit dem Verursacher sein. Die beste und wirksamste Methode besteht darin, den Betreffenden direkt auf das Thema anzusprechen, und zwar freundlich, aber bestimmt: »Ich habe gehört, du hättest dies oder jenes über mich erzählt …«

Gerade diejenigen, die gern hinter dem Rücken anderer tratschen, scheuen diese Art der offenen Kommunikation. Sie weichen aus oder streiten alles vehement ab. Oftmals kann man dann zusehen, wie der Betreffende sich auf den verbalen Rückzug begibt. In diesem Moment verwandelt sich unser Ärger in Siegestaumel: »Der Feind kehrt um, die Front gehört mir!«

Mir ist klar, dass es bei Auseinandersetzungen mit Menschen nicht um Sieg oder Niederlage geht, aber es ist wichtig, sich nicht mehr als Opfer zu fühlen. Damit das gelingt, muss man im wohlverstandenen Sinne zum Täter werden. Wenn aus irgendeinem Grund, wie in unserem Beispiel oben, ein direktes Gespräch mit dem Verursacher unseres Ärgers nicht möglich ist, müssen wir eben etwas anderes tun, um das Gefühl nach außen zu bringen und loszulassen.

Eine Möglichkeit ist das Wandern. Bevor wir losgehen, halten wir inne und machen uns bewusst, wofür wir gehen wollen. Wir widmen die Wanderung sozusagen dem Thema unseres Ärgers. Auf dem Weg dann lassen wir in unserer Vorstellung den Ärger fallen. In diesem Bewusstsein vollzogen, hat unsere Wanderung die Qualität eines Befreiungsmarschs. Ich denke, dass dies auch eine der Wirkungen des Jakobswegs ist, den derzeit viele beschreiten. Im Laufe des Weges verwandeln sich die Gedanken und die Gefühle. Das Laufen hat klärende, heilende Wirkung. Dafür muss man allerdings nicht extra für mehrere Wochen nach Frankreich oder Spanien fahren, ein Tagesmarsch in der Heimat tut es auch.

Eine weitere Handlungsmöglichkeit sind Massagen. Das ist sehr angenehm, da der eigene aktive Anteil lediglich darin besteht, sich komfortabel auf eine Liege zu legen. Den Rest besorgt der Therapeut oder die Therapeutin. Zuvor halten wir inne und machen uns bewusst, aus welchem Grund wir gekommen sind. Wir widmen die Massage dem entsprechenden Thema. Anschließend, während der Behandlung, stellen wir uns vor, dass der Ärger aus unseren Zellen herausmassiert wird. Eine zehnminütige medizinische Massage durch den örtlichen Bademeister eignet sich dafür allerdings weniger als eine ein- oder zweistündige Wellnessmassage. Diese Technik des Loslassens empfehle ich sehr. Ich bevorzuge dafür die traditionelle hawaiianische Tempelstilmassage »Lomi Lomi Nui«, die ich mir regelmäßig gönne. Durch sie lernte ich auch die sieben hawaiianischen Prinzipien kennen:

- *Ike:* Die Welt ist, wofür du sie hältst.
- *Kala:* Es gibt keine Grenzen.
- *Maikia:* Energie folgt der Aufmerksamkeit.
- *Manawa:* Jetzt! Ist der Augenblick der Kraft.
- *Aloha:* Lieben bedeutet, glücklich sein mit …
- *Mana:* Alle Macht kommt von innen.
- *Pono:* Wirksamkeit ist das Maß der Wahrheit.

Diese Lebensweisheiten sind vor fünftausend Jahren formuliert worden. Daran können wir sehen, dass unsere vermeintlich neue Spiritualität in unserer Zeit nichts anderes als die Wiederentdeckung eines uralten Wissens ist.

Eine weitere gute Möglichkeit des Loslassens ist das Schreiben. Auch das hat eine befreiende Wirkung. In hartnäckigen

Fällen kann man das Geschriebene hinterher verbrennen. Das Thema des Ärgers erfährt sozusagen eine Feuerbestattung.

Was genau wir machen, ist letztlich gleich, entscheidend ist allein, dass wir die Tat im Bewusstsein der Befreiung vollziehen. Die Handlung wird auf diese Weise zum Ritual. Und nach dem Akt des Loslassens gilt die Maxime: »Dreh dich nicht um, Frau Lot!« Wir dürfen eine Tür, die wir hinter uns geschlossen haben, nicht mehr öffnen. Wir müssen nach vorn schauen und weiter unseren eigenen Weg gehen. Wer uns dabei begleiten möchte, darf es tun. Wer es nicht mehr möchte, den lassen wir los. Denn auch die anderen haben das Recht, sich von uns zu trennen und ihren eigenen Weg zu gehen.

Kürzlich sagte mir eine Frau, dass sie in der Familie der Mittler zwischen allen Angehörigen sei: »Alle laden ihre Probleme, die sie mit einem anderen Familienmitglied haben, auf mir ab und erwarten, dass ich zwischen allen vermittle. Und dann fühle ich mich verantwortlich, wenn keine Harmonie in der Familie zustande kommt. Dies ist eine große Last für mich.«

Ich gab ihr eine Hausaufgabe, also eine Übung, die sie unabhängig von mir ausführen konnte: »Schreib auf deinem PC eine Kündigung für diesen Familienjob, den du irgendwann aus Pflichtgefühl angenommen hast. Mach es so förmlich, wie du auch eine berufliche Kündigung formulieren würdest. Druck sie dir dann aus und häng sie sichtbar über deinen Schreibtisch. Die äußere Handlung wird sich auf deinen inneren Zustand auswirken.«

Generell erhält von mir niemand einen Rat ohne Gebrauchsanweisung, die ich im Allgemeinen »Hausaufgabe« nenne. Dies kann – je nachdem – eine meditative Übung oder eine konkrete Handlung sein. Sie soll dem Adressaten mehr Klarheit über sein Thema verschaffen.

Jemand anders berichtete mir von den großen Schwierigkeiten mit seiner Mutter, die ihn manchmal am Telefon beschimpfe. In diesen Momenten wisse er nicht, wie er sich ihr gegenüber verhalten solle. Er wolle das Gespräch nicht einfach unterbrechen und auflegen, da er froh darüber sei, dass sie überhaupt noch mit ihm spreche. Zu seinen Geschwistern habe sie jeglichen Kontakt abgebrochen. Wenn sie sich auch noch von ihm zurückzöge, würde sie vermutlich einsam sterben.

Seine Hausaufgabe, die er von mir bekam, bestand darin, bei den nächsten Telefonaten mit der Mutter in der einen Hand den Hörer und in der anderen Hand eine leere Plastiktüte zu halten. »Sobald das Gespräch eine unangenehme Wendung erfährt, hältst du den Hörer nicht mehr an dein Ohr, sondern in die Tüte. Deine Mutter entscheidet darüber, ob sie freundlich oder unfreundlich mit dir spricht. Und du entscheidest darüber, ob sie mit dir oder in die Tüte spricht. Du gibst auf diese Weise die Opferrolle ab und wirst ebenso wie sie zum Täter.«

Dies hatte zur Folge, dass er sich auf das nächste Telefonat regelrecht freute, weil er die Hausaufgabe ausprobieren wollte. Später berichtete er mir, dass die Mutter merkwürdigerweise wesentlich freundlicher geworden sei, seitdem er nur noch mit einer Tüte in der Hand mit ihr telefoniere. Er versicherte mir, sie nicht über seine neue Methode informiert zu haben …

Die Frage »Was sollen denn die Leute denken …?« ist für viele eine wichtige Orientierungshilfe für ihr Sprechen und Handeln. Sich gänzlich von dieser Frage zu befreien ist der Weg zu Wahrhaftigkeit und Klarheit. Ein wahrhaftiger Mensch ist bereit, für seine Wahrheit notfalls auch seinen guten Ruf zu opfern. Dietrich Bonhoeffer, der evangelische Pastor im Widerstand gegen die Nationalsozialisten, ist dafür ein gutes Beispiel. Zu Beginn der Naziherrschaft hatte er öffentlich Stellung gegen die braune Diktatur bezogen. Als die Nazis begannen, oppositionelle Geistliche in Konzentrationslagern zu foltern und zu töten, besorgten ihm gute Freunde ein Visum für die Vereinigten Staaten. Bonhoeffer wanderte dorthin aus. Da er das Gefühl hatte, sich gedrückt zu haben, hielt er es nicht lange in den USA aus und kehrte nach Deutschland zurück. Er hatte beschlossen, aktiv im Widerstand zu arbeiten. In Amerika hätte Bonhoeffer weiter der »Gutmensch« bleiben können, der aus der Ferne gegen das verbrecherische deutsche Regime Stellung bezog. Er entschied sich aber dafür, zum Zwecke der Tarnung den Umgefallenen zu spielen, der nach den ersten Kriegserfolgen auf die Seite des Regimes umgeschwenkt war. Mit seiner Rückkehr nach Deutschland riskierte er nicht nur sein Leben, sondern auch seinen guten Ruf, den er bei seinen Freunden besaß. Er gab vor, nunmehr mit den Nationalsozialisten zu sympathisieren. Er hob die Hand zum Hitlergruß und enttäuschte damit seine Freunde, die ihre Abneigung gegen den Diktator weiterhin offen zeigten. In Wahrheit arbeitete

Dietrich Bonhoeffer ebenso konspirativ wie konsequent an dem Projekt »Tyrannenmord«. Die Freunde über seine wahren Motive und Aktivitäten in Kenntnis zu setzen wäre zu gefährlich gewesen. Stillschweigen nach außen ist das Wesen jedweden konspirativen Handelns.

Bonhoeffers Vorbild war ein Kirchenkollege gewesen, der bis zuletzt im Konzentrationslager gegenüber den Nazis keinen Kompromiss eingegangen war und diese Konsequenz mit seinem Leben bezahlen musste. Nun handelte Bonhoeffer bewusst gegen sein eigenes inneres Ideal. Er nahm es hin, dass er in den Augen vieler seine alten Überzeugungen verraten hatte. In Wahrheit aber war er seiner Überzeugung treu geblieben, ebendadurch, dass er zum Verräter geworden war.

Manches Mal müssen auch wir im Leben unseren guten Ruf riskieren, um unserer Wahrheit treu zu bleiben. Das Buch *Die Einladung* von Oriah Mountain Dreamer beginnt mit einem alten indianischen Text. Darin heißt es: »Es interessiert mich nicht, ob das, was du mir erzählst, wahr ist. Ich will wissen, ob du andere enttäuschen kannst, um dir selbst treu zu bleiben? Ob du den Vorwurf des Verrats ertragen kannst, um deine eigene Seele nicht zu verraten? Ob du treulos sein kannst, um vertrauenswürdig zu bleiben?«

Der *wahre* »gute Ruf« ist die klare Stimme unseres Herzens. Sie sagt uns immer die Wahrheit.

Die Story, mit der du einverstanden bist

Das Leben ist eine Aneinanderreihung von Empfindungen. Die Empfindungen selbst sind unabhängig von Bewertungen. Die Wertungen werden vom Verstand nachgeliefert. Der Verstand kreiert eine Geschichte um die Empfindungen herum. Er verbindet die an sich wertfreien und bedeutungslosen Sinneswahrnehmungen zu einer Story. Er schafft Sinnzusammenhänge.

Dabei verarbeitet er nur die Wahrnehmungen, die mit seiner Geschichte übereinstimmen, die anderen übersieht er: Der Verstand schafft auf diese Weise Illusionen. Er hat nicht die Macht über die Erlebnisse als solche, sondern nur über die Illusionen, die er selbst erschaffen hat. Die Geschichten handeln von vergangenen Ereignissen, beschreiben gegenwärtige Situationen und berichten von erhofften oder befürchteten Geschehnissen in der Zukunft. Der Verstand ist auf der Suche nach Erklärungen, um das Leben fassen zu können. Die Geschichten sind für ihn der rote Faden, der die unzähligen Empfindungen miteinander verknüpfen soll. Stünde jede Empfindung für sich allein, wäre das Leben für den Verstand zusammenhanglos und chaotisch. Der Verstand möchte den Empfindungen nicht hilflos ausgeliefert sein und strebt daher nach Kontrolle. Er fühlt sich regelrecht unwohl, wenn er keine Er-klär-ung für ein Geschehen hat. Deshalb konstruiert er Zusammenhänge, wobei er Unbekanntes oder Unerklärliches zum Beispiel anhand bereits erfahrener Erlebnisse und Erkenntnisse kompensiert. So kann er sich ein kohärentes Bild machen, wenn es auch nicht unbedingt der Realität entspricht und er sie, statt klarzusehen, sozusagen ver-klärt.

Viele Menschen suchen Erklärungen für die Ereignisse ihres Lebens in der Spiritualität. Sie beschäftigen sich mit Reinkarnation und Karma, mit jenseitigen und parallelen Welten, mit Engeln und aufgestiegenen Meistern. Sie haben ihre alten weltlichen Storys gegen neue spirituelle Storys ausgetauscht. Doch auch diese dienen nur einem einzigen Zweck: Sie sollen den Verstand beruhigen. So sind Rückführungen in frühere Leben – salopp ausgedrückt – ein Aufwärmen alter Geschichten. Sie handeln von Menschen, die schon lange tot sind, auch dann, wenn deren unsterbliche Seele sich höchst lebendig durch mein gegenwärtiges Menschsein erfährt.

Der Verstand will das Leben verstehen. Er kreiert daher immer die Geschichte, mit der er gerade ein-verstand-en ist. Das gilt auch für Storys, die beschreiben, womit er eben *nicht* einverstanden ist. Auch das Nicht-Einverständnis will begründet sein. Zu dieser Kategorie gehören Schuldzuweisungen.

Die Schuld ist das Fazit einer Geschichte, die von Recht und Unrecht handelt. Solange ich an einer Schuldgeschichte festhalte, kann ich nicht vergeben. Vergebung bedeutet nicht, die eine Geschichte durch eine andere zu ersetzen. Der Verzicht muss total sein. Die Vergebung ist das Ende der Story. Die Geschichte wird weder fortgeschrieben noch ausgetauscht. Das wiederum versetzt den Verstand in Alarmbereitschaft. »Wo soll das hinführen?«, fragt er sich. Die Vorstellung, eines Tages gar keine Geschichte mehr zu kreieren, bereitet ihm Furcht. Schließlich ist die Geschichtsschreibung seine Hauptbeschäftigung. Er hat regelrecht Angst um seinen Job. Also ruft er: »Wehret den Anfängen!« Nicht zuletzt aus diesem Grund fällt es vielen Menschen schwer, auf ihre Schuldzuweisungen zu verzichten.

Wir können nicht kontrollieren, was andere Menschen von uns halten. Wir können nicht kontrollieren, was sie von uns denken und über uns sagen. Wir können nicht verhindern, dass wir ab und zu von anderen emotional verletzt werden. Und wir können nicht verhindern, dass auch wir manches Mal andere emotional verletzen.

Zuweilen stellen wir fest, dass jemand durch unser Verhalten in seinen Gefühlen verletzt wurde, ohne dass dies unsere Absicht war. Und manchmal versuchen wir danach erfolglos, seine Blessur wieder zu heilen. Dabei scheitern wir, wenn der andere an seiner Schuldzuweisung noch festhalten möchte. Er benötigt die Schuldstory noch einige Zeit, um die Verletzung innerlich verarbeiten zu können. Diesen Prozess können wir in der Rolle des Schuldigen, der wir innerhalb seiner Geschichte sind, nicht beschleunigen. Und weil wir keine Chance haben, die von uns verursachte, jedoch nicht beabsichtigte emotionale Wunde des anderen zu heilen, sind wir selbst verletzt.

Wenn wir es nun schaffen, unsererseits keine neue Schuldgeschichte zu schreiben, in welcher der andere der Übeltäter ist, sind wir einen großen Schritt in unserer Persönlichkeitsentwicklung weitergekommen. Dann brauchen wir auch keine Geschichten mehr, in denen wir uns gegenüber anderen verteidigen.

Mit Geschichten der Rechtfertigung versuchen wir, uns

vor den Anschuldigungen anderer zu schützen. Manche Zeitgenossen haben ihren Mitmenschen jedoch so viel Leid zugefügt, dass sie an ihrer Rechtfertigungsstory festhalten müssen. Diese handelt von der Gerechtigkeit. Sie handelt von den Gründen, die die leidvollen Handlungen notwendig machten: »Es war gerecht, das zu tun, was ich getan habe …«, »Ich konnte nicht anders handeln als …« oder »Ich war gezwungen, auf diese Weise zu reagieren …« – so oder so ähnlich klingen die Geschichten der Rechtfertiger. Sie müssen diese Litanei für sich selbst immer wiederholen und dürfen nicht riskieren, dass sie verschüttgeht. Sie müssen kontrollieren, ob die Story in ihrem Kopf noch da ist. Ansonsten liefen sie Gefahr, an ihren Schuldgefühlen zu zerbrechen.

Ein beredtes Beispiel dafür sind einige ehemalige Terroristen der RAF. Fast alle sind mittlerweile wieder auf freiem Fuß. Sie hatten damals für sich eine Story konstruiert, die außer ihnen selbst kaum jemand nachvollziehen konnte. In ihrer Story war es gerecht, Menschen zu töten. Sie wurden für ihre Taten als Mörder verurteilt und haben zum Teil Jahrzehnte in der Haft verbracht. Sie sind älter geworden. Ihr Bewusstsein hat sich verändert. Es ist kaum möglich, dass sie heute immer noch so denken wie früher. Aber sie glauben, sich die neuen Gedanken nicht gestatten zu dürfen, und müssen so vermeintlich an der alten Story festhalten, um ihre Selbstachtung nicht zu verlieren.

Andere Storys sollen dabei helfen, einen Schicksalsschlag zu verarbeiten. Schlimme Ereignisse sind oftmals so unfassbar und unerklärbar, dass wir nach Antworten suchen, um an dem Ereignis nicht zu zerbrechen. Wir suchen verzweifelt nach einer Antwort auf die Frage: »Warum musste das passieren?« Wir können den Schmerz besser ertragen, wenn wir eine Erklärung für das Unfassbare haben. Die Story soll uns inneren Halt geben.

Barbara Pachl-Eberhart zum Beispiel verlor über Ostern 2008 bei einem tragischen Unfall ihre Familie. An einem unbeschrankten Bahnübergang erfasste ein Zug den Wagen ihres Mannes, der gerade mit den beiden Kindern unterwegs war. *Vier minus drei* heißt der Titel des Buches, in dem sie das schreckliche Ereignis für sich aufarbeitet. Ihre spirituelle Weltanschauung und Verbindung zur geistigen Welt halfen ihr bei der Bewältigung der Trauer. Der Glaube an einen höheren, aus irdischer Perspektive nicht erfassbaren Sinn für den Tod ihrer Liebsten gab ihr ein wenig Halt. Dieses schreckliche Unglück konnte doch nicht ohne Willen der göttlichen Mächte geschehen sein, sagte sie sich. Wäre es an diesem Tag nicht zu diesem Unfall gekommen, wären ihre Angehörigen durch ein anderes Ereignis ums Leben gebracht worden, lautete die Erklärung, die ihr ein wenig Trost geben sollte. Der Tod der Liebsten war in ihren Augen unvermeidbar gewesen. Diese Story war ihre Erklärung für den ansonsten unfassbaren Schicksalsschlag.

Im weiteren Verlauf des Buches beschreibt sie ein Erlebnis, welches bewirkte, dass sie an ihrer Story zweifeln musste. Denn einige Zeit nach dem Unglück erhielt sie bei einem Familien-Stellen Botschaften aus der geistigen Welt: Ihre beiden Kinder fühlen sich wohl, alles ist gut. Ihr Mann Helmut aber berichtet von einer großen Wut, die er empfindet. »Gib mir meine Schuld zurück«, sagt er. Barbara erschreckt sich aufgrund der Heftigkeit dieser Aussage, aber dann begreift sie: Der Unfall hatte nur deshalb erfolgen können, weil Helmut im entscheidenden Moment nicht aufgepasst hatte. Der Bahnübergang war weit einsehbar, jeder achtsame Autofahrer hätte den Zug von weitem sehen können. Indem sie nun das Ereignis als gottgegeben und für unvermeidbar erklärte, hatte sie ihrem Mann somit die Schuld für den Unfall und damit verbunden auch die Verantwortung für all seine Handlungen während seines Lebens genommen. Wenn dieses Ereignis vorbestimmt und unvermeidbar wäre, gälte das für alle Ereignisse ebenso. Dann könnte er auch keine »Schuld« für die guten Taten in seinem Leben haben. Und wenn das für ihren Mann gälte, hätte es Gültigkeit für alle Menschen. In diesem Fall wären wir Menschen keine göttlichen Wesen mit freiem Willen, sondern nur die Marionetten an den Fäden einer höheren Instanz.

Einen Menschen voll und ganz zu achten bedeutet jedoch, dessen freien Willen und dessen Verantwortung voll und ganz zu achten. Zu dieser Verantwortung gehört die Auseinandersetzung mit den eigenen Taten. Manche Taten bedürfen der Vergebung. Wie aber könnte ein Mensch sich selbst vergeben, wenn man ihm die Schuld nicht lässt? – »Gib mir meine Schuld zurück ...«

Wir sind nicht immer schuldig, aber wir haben die Verantwortung. Das Leben stellt uns immer wieder Fragen, die wir beantworten müssen. Statt Geschichten zu konstruieren oder an ihnen festzuhalten, müssen wir realistische Entscheidungen treffen, die unsere Gegenwart und demzufolge auch unsere Zukunft betreffen. Mit den Antworten übernehmen wir auch die Verantwortung. Wir sind nicht schuld an den Kriegen, die in der Welt entstanden sind, aber wir können hier und jetzt Antworten geben, die zukünftige Kriege verhindern helfen. Wir sind nicht schuld an den Atomkatastrophen der Vergangenheit. Aber wir können hier und jetzt Antworten geben, die zukünftige Katastrophen verhindern helfen. Wir sind nicht schuld daran, dass Menschen in anderen Teilen der Welt verhungern. Aber wir können hier und jetzt Antworten geben, die zukünftiges Leid verhindern.

Die Antworten geben wir mit den Entscheidungen, die wir fällen. Sie betreffen zunächst unseren eigenen persönlichen Wirkungskreis. Wir entscheiden über den Krieg und Frieden in uns selbst. Wir entscheiden, wie wir mit den Energieressourcen umgehen wollen, die uns zur Verfügung stehen. Wir entscheiden, auf welche Weise und mit welchem Bewusstsein wir uns ernähren wollen. »Du musst die Veränderung sein, die du in der Welt sehen möchtest«, sagte Gandhi.

Je bewusster ein Mensch wird, desto deutlicher erkennt er so die Beliebigkeit und Austauschbarkeit seiner Storys. Die Geschichten verlaufen alle so, wie der Verstand sie kreiert hat. Keine Geschichte ist wahrhaft objektiv. Sie ist nur die Beschreibung der Erfahrung, niemals aber die Erfahrung selbst. Die Geschichte ist der berühmte Finger, der auf den Mond zeigt, nicht aber der Mond selbst. Mit diesem Bewusstsein verschwindet nach und nach das Bedürfnis, weitere Geschichten zu erfinden. Wozu sollte man sich länger mit Storys aufhalten, die beliebig und austauschbar sind?

Die Geschichten sollen den Ereignissen des Lebens Sinn und Bedeutung geben. Doch liegen Sinn und Bedeutung nicht in den Geschichten, sondern in den Empfindungen. Den Sinn meines Lebens kann ich nicht verstehen, sondern nur erfahren. Dafür stehen mir meine Sinne zur Verfügung. Ich kann das Leben sehen und hören, ich kann es schmecken, riechen und fühlen, ich kann mit meinem Körper Berührungen spüren. Der Sinn meines Lebens wird in jedem Augenblick neu erschaffen. Je mehr Sinne ich dafür einsetze und je intensiver ich das tue, desto sinnvoller wird mein Leben.

Meditation: Themensterne

Schließ die Augen und halt deine rechte Hand so, dass die Handfläche nach oben zeigt.
Stell dir einen sternenklaren Himmel vor.
Jeder Stern am Firmament steht für ein aktuelles Thema in deinem Leben.
Du blickst hinauf in den Himmel und betrachtest deine Themen.
Sieh dich um, schau sie dir einzeln an und wähle eines aus.
Hol dir den Stern deines Themas von oben herab und leg ihn auf deine rechte Hand.
Leg nun die linke Hand darüber, gib Energie hinein.
Mach dir bewusst: »Ich kümmere mich darum!«

Reine Liebe, reines Vertrauen oder Ab jetzt sei das Risiko deine Geliebte

Klarheit betrifft nicht nur den Verstand, sondern auch – und vielleicht sogar vor allem – das Fühlen. Je klarer wir im Herzen sind, desto besser können wir sehen. »Selig sind, die reinen Herzens sind«, sagte Jesus. Reinheit ist ein anderer Ausdruck für »Klarheit«. Ein reines Herz ist ein Herz voller Liebe und Vertrauen.

Manche glauben, dass ein liebe- und vertrauensvoller Mensch frei von allen Sorgen ist. Ich sehe das anders.

»Erstellt eine Liste mit euren Sorgen. Steckt die Liste anschließend in einen Umschlag und beschriftet ihn mit den Worten: ›Ich vertraue.‹ Steckt den Umschlag anschließend in eure Taschen und nehmt ihn in den nächsten Tagen überallhin mit. Schließlich tragt ihr ja auch eure Sorgen in den Herzen überallhin mit. Nun macht es mal symbolisch in der Umhüllung des Vertrauens.«

Diese Übung gab ich einmal den Teilnehmern unserer Meditationsabende als Hausaufgabe mit auf den Heimweg. Daraufhin sagte eine Frau: »Seitdem ich auf dem spirituellen Weg bin, habe ich keine Sorgen mehr.«

»Das ist aber schade«, sagte ich.

»Wieso das?«, fragte sie. »Sorgen sind doch etwas Negatives.«

»Für mich nicht«, antwortete ich. »Ich sorge mich ständig. Ich sorge für die Menschen und die Tiere, für die ich Verantwortung übernommen habe. Ich sorge auch für mich. Und manchmal sorge ich mich um das Wohl von Menschen, zum Beispiel wenn jemand, der mir nahesteht, krank ist. Ich glaube nicht, dass mein Leben reicher wäre, wenn ich niemanden mehr hätte, für den ich sorgen, und wenn niemand mehr da wäre, um den ich mir Sorgen machen könnte.«

Da die Frau, so betrachtet, auch kein armes Leben führte, versprach sie, die Übung einmal auszuprobieren.

Manche spirituellen Richtungen vermitteln den Menschen, dass man eines Tages einen dauerhaften Zustand der Sorglosigkeit erreichen könnte. Dieser Anspruch führt die Anhänger solcher Lehren meines Erachtens eher von der Glückseligkeit weg als dorthin. Da das Wesen des Lebens die Bewegung und die Veränderung sind, wird es niemals einen dauerhaften Zustand geben. Das gilt für die angenehmen wie für die unangenehmen Verhältnisse gleichermaßen. Wer in seinem Leben glücklich werden will, muss lernen, das Leben so anzunehmen, wie es *jetzt* ist. Wer es an diesem Jetzt-Zeitpunkt nicht kann, wird es vermutlich zu einem späteren Jetzt-Zeitpunkt auch nicht können. Und nicht zuletzt sind es doch die Herausforderungen des Lebens, durch die wir in Bewegung bleiben und uns lebendig fühlen können. Vertrauen und Sorgen sind keine Gegensätze. Sorgen sind eine Form der Wertschätzung. Wir machen uns Sorgen um etwas, was uns wichtig ist.

In meinen Seminaren stelle ich manchmal die Frage: »Kannst du einen Menschen lieben, ohne ihm zu vertrauen? Ist das möglich?« Immer wieder antworten Teilnehmer auf diese Frage mit »Ja«. Meistens jedoch verwechseln sie dabei den Begriff »Vertrauen« mit »Erwartung«. Selbstverständlich können wir einen Menschen lieben, ohne bestimmte Erwartungen an ihn zu haben. So können wir beispielsweise unsere Kinder lieben, ohne zu erwarten oder – anders formuliert – darauf zu vertrauen, dass sie immer ihre Hausaufgaben machen. Ebenso können wir unseren Lebenspartner lieben, ohne zu erwarten (darauf zu vertrauen), dass er mit dem Rauchen aufhört. Vertrauen hat jedoch nichts mit Erwartungen zu tun. Manche Erwartungen beruhen sogar mehr auf Misstrauen als auf Vertrauen. Erwartungen sind Gedanken und Vorstellungen des Verstandes darüber, was zu uns kommen soll. Entweder denken wir, dass uns etwas zusteht, oder aber, dass wir es für unser Wohlbefinden brauchen. Vertrauen hingegen besteht nicht aus Gedanken oder Vorstellungen, sondern ist vielmehr ein Gefühl der Verbindung. Wenn ich einem Menschen vertraue, fühle ich mich mit ihm verbunden, und wenn ich dem Göttlichen vertraue, fühle ich mich dem Göttlichen verbunden.

Für die Jasager formuliere ich die Frage anschließend anders: »Kannst du einen Menschen lieben und ihm misstrauen?« Dann kommt das »Ja« schon etwas zögerlicher. Misstrauen zerstört das Gefühl der Verbindung.

Vertrauen ist das Fundament einer jeden Partnerschaft. Das Vertrauen muss in die Beziehung eingebracht werden, was voraussetzt, dass beide Partner Vertrauen aufbringen. Wer selbst kein Vertrauen in sich und demzufolge zu sich selbst hat, kann es anderen nicht schenken. Es gibt in Lebenspartnerschaften drei Möglichkeiten.

Die erste Möglichkeit ist, dass einer der beiden Partner über Selbstvertrauen verfügt und der andere nicht. Diese Partnerschaften sind immer problematisch, zumindest für den Letztgenannten. Der eine, der mit Selbstvertrauen, erlaubt und traut sich mehr als der andere. Er bestimmt die Richtung, während der zweite, ohne Selbstvertrauen, ständig in dem Kopf des Partners herumturnt und sich fragt, was dieser gerade möchte. Der erste lebt Selbstbewusstsein, der zweite lebt Pflichtbewusstsein. Dieser Zustand dauert so lange an, bis der Pflichtbewusste eigenes Selbstvertrauen entwickelt oder aber, im schlechtesten Fall, resigniert.

Die zweite Möglichkeit ist, dass weder der eine noch der andere Partner Selbstvertrauen empfinden. Diese Partnerschaften sind nicht nur problematisch, sondern können höchst dramatisch, wenn nicht sogar katastrophal verlaufen. Beide suchen in dem anderen Vertrauen und Anerkennung. Die Suche wird jedoch vergeblich sein, weil der andere ebenso wenig Vertrauen und Anerkennung in sich spürt. Bis man das erkennt, wird weiter mit Eifer gesucht.

Die dritte Möglichkeit hat erfahrungsgemäß die besten Chancen: Beide Partner verfügen über Selbstvertrauen. Diese Beziehungen sind nicht immer ohne Probleme, aber stets auf gleicher Augenhöhe.

Die Liebe ist keine Gabe, die wir einfordern könnten. Sie ist kein Lohn für eine Leistung. Wir können uns die Liebe nicht verdienen, sie wird uns geschenkt. In den Armen eines geliebten Menschen fühlen wir uns geborgen. Wir spüren Sicherheit. Doch können wir uns die Liebe eines Menschen nicht sichern, sie beruht auf seiner Freiwilligkeit, auf die wir vertrauen müssen. Wir können Liebe weder erzwingen noch kontrollieren. Sobald ein Partner beginnt, die Liebe des anderen kontrollieren zu wollen, stirbt die Liebe.

Die Liebe dient weder einem Zweck, noch hat sie ein Ziel.

Liebe ist nicht ergebnisorientiert. Unser Verstand kann nicht beschließen, jemanden aus diesen oder jenen Gründen oder zu diesem oder jenem Zweck zu lieben. Wir können die Liebe zu einem anderen in uns zulassen oder unterdrücken, beides ist möglich, jedoch nur dann, wenn die Liebe zu diesem Menschen in uns gewachsen ist. Liebe aus Gründen der Vernunft zu empfinden ist nicht möglich. Das ist beispielsweise das Dilemma von Menschen, die zwar ihre Eltern lieben wollen, diese Liebe aber nicht spüren können. Ebenso wenig kann der Verstand beschließen, jemanden *nicht* zu lieben. Das Gleiche gilt auch für die Liebe zu uns selbst: Auch die Selbstliebe kann nicht vom Verstand beschlossen oder entschieden werden. Nach dem Motto: »Bislang konnte ich mich nicht ausstehen, nun aber beschließe ich, dass ich mich ab jetzt gut leiden mag.« Auch die Selbstliebe muss in uns wachsen.

Eifersucht fordert Liebe ein und will sie kontrollieren. Eifersüchtige Menschen glauben, das Fundament ihrer Eifersucht sei die Liebe zu dem anderen. In Wahrheit ist das Fundament ihrer Eifersucht nicht Liebe, sondern Misstrauen. Liebe kann in einer Atmosphäre des Misstrauens nicht existieren. Entweder spüre ich Liebe oder Misstrauen, beides zugleich ist nicht möglich.

Der Eifersüchtige erreicht mit seinem Misstrauen das Gegenteil von dem, was er eigentlich will. Er möchte genau die Liebe erfahren, die er durch sein Misstrauen verletzt. Der Eifersüchtige will Liebesbeweise. Wie aber könnte man Liebe beweisen? Welche Kriterien zeichnen sie aus? Der Eifersüchtige glaubt, die Kriterien zu kennen. Es sind die Kriterien, die er aus seiner Angst vor Verlust selbst aufgestellt hat. Sein Vorwurf lautet: »Wenn du so handelst, liebst du mich nicht.« Dabei achtet der Eifersüchtige nur auf die Liebe des anderen. Die Liebe in sich vernachlässigt er. Das Gefühl der Eifersucht hält er für Liebe. Dabei fühlt er sich zutiefst ungeliebt, und je stärker dieses Gefühl in ihm wird, desto eifriger sucht er die Liebe in dem anderen. Es ist ein Teufelskreis, der manchmal tragisch endet – oder wie es im Dichterwort heißt: »Eifersucht ist eine Leidenschaft, die mit Eifer sucht, was Leiden schafft« (Grillparzer).

Liebe braucht eine Atmosphäre der Freiwilligkeit und des Vertrauens. Vertrauen kommt ohne Beweise aus. Vertrauen »mit Beweis« ist kein reines Vertrauen. Reines Vertrauen geht über Begründungen, Erwartungen und Hoffnungen hinaus. *Vertrauen auf* und *Vertrauen, weil* bleiben an der Oberfläche, reines Vertrauen geht tiefer. Es kann erst dann entstehen, wenn sich alle Konzepte des Verstandes als haltlos erwiesen haben. »Mein Gott, warum hast du mich verlassen«, sprach Jesus im Moment größter Hoffnungslosigkeit. All seine Vorstellungen waren zerstört. Nichts gab ihm mehr Halt, er war ganz auf sich allein gestellt. In diesem Moment gab es für ihn keinen Gott und keine Zukunft mehr. Ihm blieb nur die Kapitulation. Kapitulation ist die totale Akzeptanz. Sie ist das Fundament des reinen Vertrauens.

Der Wahlspruch meines Vaters lautet: »Ich kann niemals tiefer fallen als in die Arme meines Schöpfers.« Menschen, die das totale Vertrauen in sich spüren, haben zumeist genau das erlebt. Sie waren in Situationen, in denen es vermeintlich keine Hoffnung gab. Es gab nichts, worauf, und nichts, weswegen sie hoffen konnten. Sie befanden sich im freien Fall, kapitulierten und wurden dennoch aufgefangen.

Zu Beginn meiner spirituellen Ausbildung sagten mir meine geistigen Lehrer: »Ab jetzt sei das Risiko deine Geliebte.« Ihre Aussage hatte mich zunächst erschreckt, heute weiß ich, was sie meinten. Erst aus der Akzeptanz des Risikos konnte mein Vertrauen entstehen. Damals kontrollierte und plante ich, was das Zeug hielt. Ich wollte Sicherheit und kein Risiko. Ich traf Maßnahmen, um vertrauen zu können. Mein Vertrauen sollte berechtigt sein. Ich verwechselte Vertrauen mit der Gewissheit, dass alles so kommen würde, wie ich es mir vorstellte. Streben nach Sicherheit aber verhindert reines Vertrauen. Vertrauen ist keine Kunst, solange alles nach Plan läuft. Die wahre Kunst des Vertrauens ist die Akzeptanz des »Alles ist möglich«. »Alles ist möglich« schließt nichts aus. »Alles ist möglich« ist immer ein Risiko.

Gerade deshalb muss ich achtsam sein. Ein arabisches Sprichwort lautet: »Vertraue auf Gott, aber binde zuerst dein Kamel an.« Mein Vertrauen ent-bindet mich nicht von Verantwortung und Achtsamkeit. Der Unterschied zwischen Kontrolle und Achtsamkeit besteht jedoch in der Blickrichtung. Der Kontrolleur beurteilt den jetzigen Zustand nach Kriterien, die er in der Vergangenheit aufgestellt hat. Er will in seinen Augen Bewährtes vor Veränderung schützen. Der Blick des Achtsamen hingegen ist mehr nach vorn als nach hinten ausgerichtet. Er akzeptiert die Veränderung und will sie achtsam begleiten. So wie es der »Kleine Prinz« in dem wunderbaren Buch von Antoine de Saint-Exupéry tut. Sein Objekt der Achtsamkeit ist eine Rose, das Sinnbild der reinen Liebe: »Man sieht nur mit dem Herzen gut!«

Lebenswege und Geschwindigkeit

Vor einiger Zeit lud mich ein Freund zu einem Essen in ein sogenanntes »Dunkelrestaurant« ein. In diesen Lokalen herrscht die totale Finsternis, man sieht nichts. Ich lehnte die Einladung ab. »Ich will selbst darüber entscheiden, was ich in den Mund nehme und was nicht«, sagte ich zu meinem Freund. »Solange ich noch über genügend Sehkraft verfüge, will ich sie auch dafür nutzen.«

Mir ist sehr wohl bewusst, dass das Konzept dieser Restaurants darauf abzielt, die Geschmacksnerven der Kunden anzuregen, und nicht, deren Entscheidungsfreiheit einzuschränken. Dennoch fühle ich mich nach wie vor bei dem Gedanken unwohl, in völliger Dunkelheit Nahrung zu mir zu nehmen. Ich möchte Klarheit darüber haben, was ich esse und trinke. Voraussetzung dafür ist, dass ich die Speisen und Getränke auch sehen kann.

Klarheit gehört zu einem selbstbestimmten Leben dazu. Im Vaterunser heißt es: »Dein Wille geschehe wie im Himmel, so auf Erden.« Für mich war der Adressat dieser Ansage nie ein von mir getrennter Gott, sondern vielmehr ich selbst. Der Himmel ist für mich ein Synonym für mein Bewusstsein, meine Innenwelt, die Erde ein Symbol für meine Erfahrung, meine Außenwelt. Die Botschaft lautet also in diesem Sinne: Unser innerer Wille hat das Potenzial, zu unserer äußeren Erfahrung zu werden. Dies setzt voraus, dass wir uns darüber im Klaren sind, was wir wirklich wollen. Solange wir es nicht sind, brauchen wir uns über die vielen Unklarheiten in unserem Leben nicht zu wundern.

Wenn wir nicht wissen, in welche Richtung wir gehen möchten, können wir unseren Weg nicht bestimmen. Das gilt für einen Spaziergang ebenso wie für unseren Lebensweg. An jeder Wegeskreuzung müssen wir eine neue Entscheidung treffen. Wir müssen also Klarheit schaffen. Und das nicht nur einmal, sondern immer wieder. Immer wieder konfrontiert uns das Leben mit neuen Herausforderungen.

Das Wesen des Lebendigen ist die Veränderung. Nie können wir uns sicher sein, dass alles so bleibt, wie es ist. Im Gegenteil: Wir können darauf vertrauen, dass nichts bleibt, wie es ist. Wer zu lange an zu alten Vorstellungen festhält, wird die Wandlungen des Lebens plötzlich und manchmal auch schmerzhaft erfahren. Die Lebensenergie ist wie ein sanfter Wind, der zum Sturm werden kann, sobald er auf Mauern trifft.

Erich Honecker und seine Mitstreiter in der Regierung der ehemaligen DDR wurden 1989 Augen- und Ohrenzeugen dieses Phänomens. Die Machthaber dieses Staates hatten sich vierzig Jahre lang in der Welt ihrer Vorstellungen eingemauert. Innerhalb weniger Wochen erlebten sie erstaunt und erschreckt den Einsturz der Mauer und die Zerbröselung ihrer Vorstellungen. Das Regime hatte kein Vertrauen zu seinen Bürgern. Es wollte sicher sein, dass niemand unerlaubt das Land verlassen konnte. Sie hatten die Grenzen des Landes vermint, um das in ihren Augen Bewahrenswerte vor der Veränderung zu schützen. Sie hatten die Grenzsoldaten angewiesen, Fluchtversuche mit allen Mitteln zu verhindern. Doch letztlich ging der Schuss sozusagen nach hinten los. Nach vierzig Jahren fegte der Sturm der Veränderung nicht nur die Mauer, sondern das ganze Staatsgebilde weg.

Kaum ein Staat existierte in der Geschichte kürzer als die sogenannte Deutsche Demokratische Republik. Nur wenige hätten in den Jahren vor der »Wende« diese historische Entwicklung für möglich gehalten. Während meiner Schulzeit hatten uns die Geschichtslehrer vermittelt, dass die Einheit Deutschlands für immer eine Illusion bleiben würde. Wer in den siebziger Jahren an eine Wiedervereinigung West- und Ostdeutschlands glaubte, galt als Phantast.

Damals war ich fasziniert von Berlin. Oftmals im Jahr reiste ich dorthin und genoss die Atmosphäre dieser Stadt. Einmal fuhr ich im Auto meines Freundes und Schulkollegen Wolfgang mit. In Helmstedt passierten wir die Grenze. Auf der westdeutschen Seite winkten uns die Beamten wie gewohnt mit gelangweilter Mimik durch. Ihre Kollegen auf der anderen Seite nahmen ihren Job ernster. Nach längerer Wartezeit beehrte uns ein Grenzpolizist der DDR und fragte nach unseren Ausweispapieren. Wolfgang reichte seinen Reisepass durch das Autofenster und sprach dabei den Uniformierten freundlich mit »Herr Beamter« an. Der Polizist belehrte uns daraufhin, dass es sich bei der Deutschen Demokratischen Republik um einen Arbeiter-und-Bauern-Staat handele, in dem es im Gegensatz zur »BRD« keine privilegierten Beamten gäbe. Andächtig lauschten wir seinen Worten. Als der Grenzer seinen Vortrag beendet hatte, sagte Wolfgang laut zu mir: »Na, dann zeigen wir dem Bauern mal unsere Papiere …« Diese mokanten Worte bescherten uns einen längeren Aufenthalt an der deutsch-deutschen Grenze. Mehrere Stunden mussten wir warten, bevor die Grenzposten uns die Weiterfahrt erlaubten.

Zu diesem Zeitpunkt konnte noch niemand ahnen, dass man nur wenige Jahre später die Grenze ohne Zwischenstopp würde passieren können. Bereits wenige Monate nach dem Mauerfall raste ich im Rahmen eines größeren Polizeieinsatzes – ungehindert von »fremden Mächten« – durch die ehemalige Grenzanlage. Wir verfolgten zwei Bankräuber aus Nordrhein-Westfalen, die auf der Suche nach einem geeigneten Objekt für einen Überfall in Sachsen-Anhalt waren. Vor allem in den kleineren Dörfern hatte man damals noch keine Erfahrung mit Banküberfällen. Diesen Umstand wollten unsere beiden »Freunde« ausnutzen. Unser Job beim Mobilen Einsatzkommando, kurz MEK, bestand darin, sie nicht aus den Augen zu verlieren und wenige Minuten vor der Tat zu stellen und festzunehmen, was uns zu unserer Freude und ihrer Überraschung auch gelang.

MEKs sind Spezialeinheiten der Polizei, die zur Bekämpfung schwerster Kriminalität eingesetzt werden. Unser Kommando des Landeskriminalamtes (LKA) war gerade im Aufbau. Die Hälfte der Einheit bestand aus erfahrenen Spezialagenten, die aus anderen Kommandos zum LKA versetzt worden waren. Die andere Hälfte bestand aus Leuten wie mir: Greenhorns, die angelernt werden mussten. Zwar waren auch wir Neulinge allesamt gestandene Kriminalbeamte. Die Arbeit einer Spezialeinheit ist jedoch mit nichts vergleichbar. Erfahrungen in anderen polizeilichen Bereichen nutzen nur bedingt, vielfach sind sie sogar von Nachteil. Ein MEK darf von Außenstehenden nicht als Polizei erkannt werden. Eingefahrene Verhaltensmuster, die man sich in langen Jahren als Kriminalbeamter angewöhnt hatte, mussten wieder abtrainiert werden. Unser Ausbilder war ein Mensch mit Ecken und Kanten, der in seiner Freizeit viele soziale Projekte auf die Beine stellte. Ein Typ, mit dem man Pferde stehlen konnte und der für seine Freunde durchs Feuer ging. Gnade jedoch denen, die sich ihn zum Feind gemacht hatten. Der Mann war landesweit für seine spektakulären Autounfälle bekannt. Im Kollegenkreis erzählte man sich, dass es auf Deutschlands Bundesstraßen kaum einen Seitengraben gäbe, in dem unser Ausbilder nicht schon über Kopf in einem Auto gelegen hätte. Sobald er mit seinem zivilen Dienstwagen die Garage des MEK verlassen hatte, rammte er das Gaspedal in die Ölwanne und raste auf die Straßen Nordrhein-Westfalens in den nächsten Einsatz. Auch mit seinem Privatwagen fuhr er wie ein Henker. Der Begriff »defensive Fahrweise« war für ihn ein Fremdwort.

Eine Spezialeinheit hält sich selbst gemeinhin für etwas Besonderes. Alltäglichkeiten gab es für andere, aber nicht für uns. Das galt für polizeiliche Einsätze ebenso wie für Dienstausflüge. In dem einen Jahr war exzessives Segeln angesagt, in dem nächsten Skifahren. Für eine dieser Reisen in die Berge rekrutierte das Kommando mehrere VW-Busse. Mit fünf weiteren Kollegen (allesamt Frischlinge, denn Freiwillige gab es aus verständlichen Gründen keine) wurde ich dem Kleinbus zugeteilt, den unser Ausbilder fahren sollte. Damals hatte ich mit spirituellem Kram noch nichts am Hut, anderenfalls hätte ich eine Armada von Schutzengeln für diese Fahrt bestellt. Die ersten sechshundert Kilometer war die Stimmung in unserem Bus relativ entspannt. Das änderte sich, als es von der Autobahn runter auf die Serpentinen ging. Der Bus fuhr die schmalen Bergstraßen mit ihren engen Kurven entlang. Oder, besser gesagt: Der Bus *raste* durch die schmalen Bergstraßen mit ihren engen Kurven. Unser Vorgesetzter fuhr wie vom Affen gebissen mit Vollgas den Berg hinauf, seine Arme schmissen das Lenkrad je nach Kurve mal in die eine, mal in die andere Richtung. Wir Mitfahrer wurden immer blasser. Zwar waren wir mittlerweile einiges gewohnt, dieser Trip hier toppte jedoch alles. Wir waren uns einig: Wenn wir die Fahrt halbwegs unversehrt überleben wollen, müssen wir unseren Kutscher bitten, langsamer zu fahren.

Norbert nahm allen Mut zusammen und sprach ihn von der Rückbank aus an: »Hör mal«, begann er vorsichtig, »könntest du vielleicht ein wenig langsamer fahren? Wegen der Straße, weißt du …?«

Weiter kam er mit seinem Einwand nicht. Unser Ausbilder schaute uns zunächst durch den Rückspiegel an. Dann drehte er sich – ohne den Fuß vom Gas zu nehmen – um und schrie uns Hinterbänkler mit hochrotem Kopf an: »Dafür bin doch nicht ich verantwortlich! Ich habe die Straßen hier nicht gebaut!«

Weise Sätze, deren philosophische Bedeutungsebene ich damals nicht erkannte. (Und wenn ich sie erkannt hätte, wäre sie mir in diesem Moment völlig egal gewesen. Ich wollte nur noch aus dem Wagen raus …) Denn auch in unserem Leben haben zunächst einmal andere die Straßen gebaut. Die ersten Wegbereiter sind unsere Eltern, dann kommen zum Beispiel Lehrer, Priester, Ausbilder und so weiter. Manche rasen nun wie die Wahnsinnigen durch die Straßen ihres Lebens und fühlen sich nicht verantwortlich. »Was soll ich tun?«, fragen sie sich. »Ich habe die Straßen nicht gebaut.«

Viele waren auch an dem Bau meines Lebensweges beteiligt. Die Bewerbungskommission bei der Polizei hat mir damals den Weg als Kriminalbeamter, meine Reiki-Lehrerin hat mir den Weg zum spirituellen Lehrer, mein Verleger hat mir den Weg zum Buchautor bereitet. Wer ist nun für meinen Lebensweg verantwortlich? Die Prüfungskommission, meine Reiki-Lehrerin, der Verleger? Oder bin ich selbst für meinen Weg verantwortlich, weil ich Polizist, Reiki-Lehrer, Buchautor werden *wollte*?

Zumindest können wir über die Geschwindigkeit entscheiden, mit der wir über die Straßen unseres Lebens fahren. Wir können uns schnell oder langsam voranbewegen, wir können auch mal an- und innehalten. Jeder Weg erfordert eine andere Geschwindigkeit. Wir dürfen dann jeweils weder zu schnell noch zu langsam sein. Manches Ziel ist nur für eine kurze Zeit erreichbar. Wenn wir zu langsam sind, kann es sein, dass wir zu spät ankommen und das Ziel schon wieder obsolet ist. Wenn wir zu schnell sind, kann es sein, dass wir zu früh ankommen und das Ziel noch gar nicht »fertiggestellt«, die Zeit noch nicht reif ist. Manchmal müssen wir eine Chance schnell ergreifen, und manchmal müssen wir geduldig sein.

Im Straßenverkehr zeigen uns Schilder zum Beispiel die einzuhaltende Höchstgeschwindigkeit an. Sie sind verbindlich und eindeutig. Die Wegweiser auf unseren Lebenswegen sind oft schwieriger zu entdecken. Sie sind nicht immer festgelegt und können oft auf verschiedene Weise interpretiert werden. Vieles hängt dabei nämlich von unserer Einstellung ab. Wenn es beispielsweise mal schwierig wird und wir das Gefühl haben, auf Mauern zuzufahren oder in Sackgassen zu geraten, könnten wir daraus schlussfolgern: »Dies ist ein Zeichen, dass ich innehalten soll.« Andererseits könnten wir es in diesem Fall aber auch mit dem Menschen halten, der einmal formuliert hat: »Mauern sind dazu da, um diejenigen abzuhalten, die nicht dringend genug hindurchwollen«, und die Drehzahl unserer Anstrengung erhöhen. Die Entscheidung müssen wir selbst treffen, niemand sonst kann das für uns übernehmen. Die anderen befinden sich ja auf ihren eigenen Lebenswegen und sehen daher nur die Zeichen, die für sie selbst gültig sind. Auch im Straßenverkehr kann ein Straßenschild nur von denen gesehen werden, die sich auf derselben Straße befinden. Wer sein Leben nach den Wegweisern eines anderen ausrichtet, wird sein Ziel nur schwer erreichen. Dementsprechend vorsichtig sollte man mit den Ratschlägen von Außenstehenden umgehen. So kann der »gute« Rat eines wohlmeinenden Menschen fatale Auswirkungen haben.

Dazu habe ich für mich folgendes Bild entwickelt, das zwar etwas unrealistisch ist, aber deutlich machen soll, was ich meine. Es ist sozusagen mein »Straßenverkehrsgleichnis«. Ich befinde mich auf der linken Spur einer Autobahn und rufe während meiner schnellen Fahrt einen Freund an, der sich in diesem Moment auf einer Spielstraße in einem Wohnviertel befindet. »Was soll ich tun?«, frage ich. Der Freund kann nur die Schilder sehen, die gerade für ihn Gültigkeit haben, und empfiehlt mir Schrittgeschwindigkeit. Befolge ich seinen Rat und gehe in die Eisen, ist der Auffahrunfall auf meiner Autobahn programmiert. Der gut gemeinte Rat meines Freundes käme mich in diesem Fall teuer zu stehen.

Der Schaden trifft immer den Ratsuchenden, selten den Ratgeber. Man achte im Leben also darauf, ob, wann und wen man um Rat bittet. Wenn wir nur die Bestätigung unserer eigenen Ansicht hören möchten, ist die Frage meist sinnlos. Hören wir, was wir hören möchten, wissen wir nicht wirklich mehr als vorher. Hören wir, was wir nicht hören möchten, sind wir möglicherweise verunsichert. Das kann im besten Falle ein entscheidender Hinweis für eine notwendige Richtungsänderung in unserem Leben sein, uns im schlechtesten aber von einem als richtig erkannten Weg abbringen. Der Schauspieler James Cagney sagte einmal sinngemäß: Wenn du auf all die Clowns um dich herum hörst, bist du bald tot. Also geh los und mach dein Ding!

In manchen Fällen ist es natürlich sinnvoll, Menschen um Rat zu fragen, die einen ähnlichen Weg wie wir gegangen sind. Warum sollte man das Rad immer wieder neu erfinden wollen? Auch kann uns mancher Tipp vielleicht dabei helfen, die eine oder andere Tretmine auf unserem Weg zu umgehen. Dabei kommen wieder die Themen Vertrauen und Selbstvertrauen ins Spiel. Bei der Auswahl der Rat- und Tippgeber sollten wir jedoch darauf achten, wer glücklich ist und wer nicht. Im ersten Fall können wir eher darauf vertrauen, dass wir einen wirklich sinnvollen Rat erhalten, im letzteren jedoch ist eher das Selbstvertrauen gefragt, sich auf die eigene Einschätzung einer Situation zu verlassen. Wenn wir glücklich werden wollen, kann uns kaum jemand helfen, der selbst betrübt, zynisch oder gar depressiv ist. Das Dumme an der Sache ist nur, dass sich die Unglücklichen häufiger berufen fühlen, anderen Menschen ungefragt Ratschläge zu erteilen. Meine Erklärung für dieses Phänomen lautet: Den Weg in die Hölle geht niemand gern allein. Die Glücklichen hingegen ziehen ihr Ding durch, egal, was andere sagen, und verspüren deshalb auch seltener den Drang, uns ihre Meinung aufzuzwingen.

Nach meiner Ausbildung zum Meditations- und Reiki-Lehrer beschlossen meine Frau Karina und ich, bei uns zu Hause Meditationsabende zu veranstalten. Unsere Idee war es, das seelische Wohl mit dem körperlichen zu verbinden und nach der meditativen Arbeit gemeinsam mit den Teilnehmern zu essen und zu trinken. Stolz rief ich meine Reiki-Lehrerin Christa an und erzählte ihr von unserem Vorhaben.

»Was hältst du davon?«, fragte ich.

»Seid ihr verrückt?«, antwortete sie. »Beim anschließenden Essen und Trinken unterhalten sich die Leute nur über Haustiere und das Wetter. Die ganze Energie der Meditation geht dabei verloren.«

Christa war ein wichtiger Mensch in meinem Leben und in spirituellen Angelegenheiten eine Autoritätsperson. Ihr Wort hatte Gewicht. Also sagte ich Karina, dass wir unser Konzept noch mal überarbeiten müssten. Christa habe gesagt … Viel weiter kam ich mit meinen Ausführungen nicht. Karina unterbrach mich und sagte: »Christa macht es so, und wir machen es eben anders. Jeder tue es auf seine Weise!«

»Du hast recht«, erwiderte ich und rief wieder bei Christa an.

»Wir machen es doch so, wie ich dir erzählt habe«, teilte ich ihr mit. »Schließlich hat Jesus mit seinen Jüngern nach den gemeinsamen Gebeten auch das Abendmahl gefeiert«, führte ich weiter aus und bemühte dabei eine weitere spirituelle Autorität zur Rechtfertigung unserer Idee.

»Wunderbar!«, sagte Christa. Und wie ich an dem Tonfall hörte, meinte sie das ernst und nicht etwa ironisch. Ich war ein wenig irritiert.

»Vorhin hast du noch gefragt, ob wir verrückt wären, und jetzt findest du die Idee wunderbar?«, fragte ich.

»Wunderbar ist, dass ihr euren eigenen Weg geht. Und ihr werdet dabei auch viel Erfolg haben. Aber wenn du mich anrufst und meine Meinung hören möchtest, musst du auch meine Antwort hinnehmen«, sagte sie.

Ich habe diese Lektion gelernt. Nie wieder haben Karina und ich jemand anderen gefragt, was und wie wir etwas tun sollen. Wir haben bis heute unser Ding durchgezogen und sind damit glücklich geworden. Es hat sich bislang auch niemand bemüßigt gefühlt, uns ungefragt Ratschläge zu erteilen. Da wir uns unserer Sache offenbar sicher sind, strahlen wir keine fragende Haltung aus und ziehen daher auch keine unerwünschten Ratgeber an.

Wir müssen im Leben nicht nur auf die richtigen Zeichen für uns achten, sondern selbst auch Zeichen setzen. Wir müssen »dem Universum zeigen«, welchen Weg wir einschlagen möchten. Dies können wir nur dadurch tun, dass wir loslegen. Nun ist es sicher nicht opportun, während einer Aufführung im Stadttheater auf die Bühne zu springen und mitzusingen, nur weil man Opernsänger werden will. Aber man muss ansonsten schon die Mindestvoraussetzung erfüllen, nämlich singen, wo und in welchem geeigneten Umfeld man sich auch immer befinden mag. Auf diese Weise formuliert man seinen Willen nicht nur mit Worten, sondern mit Taten. Das Universum fragt uns: »Was willst du?« Es will Klarheit über unseren Willen haben, damit sich das Gesetz »Dein Wille geschehe« erfüllen kann. Die einzige Antwort, die es akzeptiert, sind Taten. Wenn wir ein Buchautor sein möchten, aber nicht schreiben, wollen wir es nicht wirklich. Viele versuchen es umgekehrt: Sie wünschen sich Gelegenheiten, um etwas entsprechend ihrem Willen tun zu können. In Wahrheit ist es andersrum: Sobald wir etwas tun, kommt die Gelegenheit. Ein Kindheitstraum meines Freundes Michael beispielsweise war es, darüber bestimmen zu können, welche Musik im Radio gespielt würde. Während seines Studiums bewarb er sich bei mehreren Sendern, zunächst ohne Erfolg. Dann mietete er im Zentrum einer Großstadt die komplette Fläche einer Litfaßsäule und beklebte sie rundum mit einem überdimensionalen Bewerbungsplakat, das er zuvor für 700 D-Mark hatte malen lassen: »An alle Rundfunksender: Hiermit bewerbe ich mich um eine Praktikantenstelle beim Hörfunk.« Drei Wochen später war er beim NDR, heute, Jahrzehnte später, ist er Geschäftsführer eines Radiosenders in Niedersachsen. Er hatte sich von den Mauern – bestehend aus Absageschreiben auf seine Bewerbungen – nicht aufhalten lassen und durch seine Taten dem Leben unmissverständlich *klar*gemacht, welchen Weg er *wirklich* gehen wollte.

Reflextraining: Wenn die Furcht angreift

Sobald du eine Befürchtung in dir spürst, halt inne und schau für einige Minuten nach oben. Erblicke die Weite des blauen Himmels und beobachte die Bewegung und Veränderung der Wolken.

Ich erinnere mich an einen Urlaubstag in den Bergen. An einem frühen Morgen wollte ich mit dem Sessellift hinauf auf einen Berg fahren. Die Liftanlage war zu diesem Zeitpunkt bereits in Betrieb, doch ich war der einzige Fahrgast. Ich löste ein Ticket und hievte mich auf einen Sessel. Mein Plan, während des gemächlichen Aufstiegs das Panorama der Bergwelt zu genießen, fand ein jähes Ende. Zwar bekam ich Aussicht satt, jedoch nicht wie vorgesehen während der Fahrt, sondern dank einer unvorhergesehenen Zwangspause. Denn ziemlich genau in der Mitte zwischen Tal und Berggipfel schaltete die Anlage wegen eines aufkommenden Gewitters ab. Sie nahm den Betrieb erst wieder auf, als das Gewitter vorbei war. In der Zwischenzeit ließ man mich buchstäblich im Regen sitzen. Auf der Hälfte der Strecke hing ich echte dreißig und gefühlte hundert Minuten lang in der Luft.

Ich war wütend und befürchtete das Schlimmste. Zunächst für mich, später dann für den Betreiber des Sessellifts. Denn mein Entschluss stand fest: Wenn ich das hier überlebte, würde ich ihn töten! Ein wenig hoffnungsvoll stimmte mich allein die Tatsache, dass alle Sessel, die ich von meinem Platz aus sehen konnte, trotz des stürmischen Windes weiterhin fest am Seil hingen. Zumindest sah ich die

Chance, dass mir ein ungesicherter Flug durch die Lüfte erspart bleiben würde.

Dass solch ein Aufenthalt in den Lüften auch durchaus anders ausgehen kann, bewies gut zwanzig Jahre später ein brasilianischer Priester aus einem kleinen Küstenort am Atlantik, der im Jahr 2008 eine Werbeaktion für seine Kirche starten wollte. Dazu hatte er sich auf einen Lehnsessel gesetzt, an dem mehrere hundert mit Helium gefüllte Ballons befestigt waren. Sein Plan war, mit einem pressewirksamen Flug über das Landesinnere Brasiliens Spenden für seine Gemeinde zu sammeln. Leider hatte er die Winde falsch berechnet und mit seinem Funkgerät erst um Hilfe gerufen, als er in sechstausend Meter Höhe über den Atlantik abgetrieben war und die Hilfskräfte ihn nicht mehr hatten orten können. So war der arme Priester ungehört in die ewigen Jagdgründe geflogen. Eine Tageszeitung hatte dieses tragische Ereignis mit den Worten »Eine Dienstreise zum Chef« überschrieben. Sein Flug war in weitaus anderer Weise auf Medieninteresse gestoßen, als dem Kirchenmann vermutlich recht gewesen wäre. So wurde er von amerikanischen Studenten mit dem sogenannten »Darwin Award« ausgezeichnet, ein makabrer Preis, der jährlich postmortal an Menschen verliehen wird, die auf besonders »dumme Weise« aus dem Leben geschieden sind.

Diese zweifelhafte Ehrung war mir Gott sei Dank erspart geblieben. Als der Sturm nachgelassen hatte, schaltete die Sesselliftanlage wieder in den Fahrmodus und brachte mich auf den Berg. Oben angekommen, sah ich jedoch von einer Vendetta an dem Betreiber der Anlage ab. Ich war einfach nur glücklich, den Trip unbeschadet überstanden zu haben.

Außerdem erschien mir ein sofortiger Abstieg hinunter ins Tal als viel zu beschwerlich.

Selten habe ich mich dem Himmel so nah gefühlt wie auf diesem Sessellift. Damals ahnte ich nicht, dass ich eines Tages als Meditationslehrer arbeiten und den Menschen den Himmel als Meditationsobjekt nahebringen würde. Allerdings aus sicherer Entfernung …

Ebenso wie der Ärger trübt auch die Angst die Sicht auf das Leben. Die Angst ist wie ein Nebel, der sich über alle anderen Gefühle legt. Viele Ängste sind diffus, nicht klar definiert. Oft können wir gar nicht konkret formulieren, wovor oder weswegen wir Angst haben. Die Angst ist einfach da und verhindert, dass wir uns den schönen Augenblicken des Lebens hingeben und reine Freude spüren können.

Der blaue Himmel ist für mich ein Bild der Klarheit. Wenn ich mich in dieses Bild versenke, verschwindet meine Angst. Jeden Tag setze ich mich zu Hause in unseren Meditationsraum und betrachte durch die Dachfenster den Himmel. Und wann immer es geht – sofern ich nicht gerade auf einem schwankenden Sessel in der Luft abhänge –, halte ich auch draußen inne und schau nach oben. Ich beobachte die Farben, die Wolken und die Vögel. Der Blick zum Firmament wird zu meiner Meditation. Mir wird bewusst: Der blaue Himmel ist form- und bewegungslos, unbegrenzt und allumfassend. Immer wieder formieren sich Wolken am Himmel. Sie bewegen und verbinden sich und lösen sich wieder auf. Die Wolken sind für mich Symbole der Vergänglichkeit, der blaue Himmel über ihnen ein Symbol für die Ewigkeit. Alle Menschen auf dieser Erde sehen denselben

Himmel. Wo auch immer auf der Welt wir uns befinden, ist über uns das Zeichen der Verbindung und der Unendlichkeit. Das ist für mich die Botschaft von Christi Himmelfahrt. »Ich bin bei euch alle Tage.«

Ich glaube zwar nicht an einen Gott, der das Leben erfunden hat. Ich glaube jedoch an eine göttliche Kraft, die in jedem Moment darüber staunt, dass sie lebendig ist. Das Wesen der Ewigkeit ist, dass es kein Davor und kein Danach gibt. Das ewige Leben kann somit weder einen Anfang noch ein Ende haben. Und wenn es keinen Anfang hat, dann kann es auch niemanden geben, der das Leben an dessen Anfang erschaffen hat. Unser Verstand kann das Konzept der Ewigkeit nicht erfassen, dafür ist er zu begrenzt.

»Der Augenblick ist zeitlos«, sagte Leonardo da Vinci. Diese Erfahrung machen wir in Momenten tiefer Meditation. Sobald wir tief in die Gegenwart eintauchen, erleben wir nur einen einzigen Augenblick, voller Bewegung und Veränderung, jedoch ohne Anfang und ohne Ende. In dem Bewusstsein der Einheit und Ewigkeit spüren wir in uns grenzenlose Geborgenheit. Wenn wir eins mit allem sind, kann keine Gefahr von außen kommen. In den Momenten der Angst hingegen erleben wir die Welt kleiner und enger. Statt der Einheit von »allem, was ist« erfahren wir dann die Trennung zwischen dem, was in Gefahr ist, und dem, was es gefährdet. Unser Blick ist eingeschränkt, wir schauen auf ein Szenario des Schlimmstmöglichen. Mit dem Blick in den Himmel können wir unsere Achtsamkeit von der Enge weg und zur Weite hin lenken. Die Betrachtung der Unendlichkeit eröffnet für uns die klare Perspektive des »Alles ist möglich«.

Wenn wir uns von einer Angst befreien wollen, dürfen wir uns nicht dauerhaft mit ihr beschäftigen. Nun rate ich niemandem dazu, seine Ängste zu verdrängen. Jedoch sollten wir Ängste, die wir früher einmal hatten, nicht ständig vergegenwärtigen. Wie könnten wir eine Angst der Vergangenheit überwinden, wenn wir sie immer wieder betrachten?

Eine Frau, die sehr unter Ängsten litt, besuchte jahrelang eine Selbsthilfegruppe, deren Teilnehmer sich wöchentlich jeden Mittwoch zwei Stunden lang ausgiebig mit traumatischen Erlebnissen aus der Vergangenheit, insbesondere der Kindheit, auseinandersetzten. Niemand außerhalb der Familie der Frau wusste davon. Eines Tages sprach sie eine Kollegin auf der Arbeit an: »Haben Sie heute Abend wieder Ihren Gruppentermin?«

»Ja, wieso?«

»Weil Sie jeden Mittwoch einen depressiven Eindruck machen«, sagte die Kollegin.

Meine Teilnehmerin war zunächst bestürzt, doch dann musste sie der Kollegin zustimmen. Jeden Mittwoch begann sie bereits morgens über die bevorstehende Gruppensitzung am Abend nachzudenken. Und je mehr sie nachdachte, desto tiefer tauchte sie in die belastenden Bilder der Vergangenheit ein. Nun traf sie den Entschluss, die Selbsthilfegruppe zu verlassen. »Irgendwann muss gut sein«, sagte sie einen Mittwoch später zu den anderen Teilnehmern. Diese reagierten so, wie man es dem Klischee gemäß von einer »Selbsthilfegruppe Angst« erwarten würde: Sie warnten die Frau davor, den Schritt in die Selbstverantwortung zu tun. »Das wirst du allein nicht schaffen«, sagten sie. »Eines Tages wirst du wieder zu uns zurückkommen.« In den ersten

Wochen meldeten sich die besorgten Gruppenmitglieder bei der Frau noch telefonisch, um sie zur Rückkehr zu bewegen. Danach gaben sie ihre Bemühungen auf.

Psychotherapien sind für die Aufarbeitung traumatischer Erlebnisse unverzichtbar. Insbesondere suchtkranke Menschen benötigen Langzeittherapien, die ihnen Halt und Sicherheit geben. Manche Therapien der »allgemeinen« Vergangenheitsbewältigung jedoch sollten meines Erachtens zu gegebener Zeit beendet sein. Das geht natürlich nicht von heute auf morgen, Heilungsprozesse brauchen ihre Zeit. Sobald aber die Heilung eingesetzt hat, dürfen wir nicht mehr in den alten Wunden bohren. Irgendwann muss ein Schlussstrich unter die alten Storys gezogen werden. Wir müssen uns für neue Erfahrungen öffnen, die anschließend wieder zu Erinnerungen werden. Auf diese Weise verändern wir nicht nur unsere Gegenwart, sondern auf Dauer auch unsere Vergangenheit.

Bei meinen Vorträgen erzähle ich zu diesem Thema oftmals ein, zugegeben saloppes, Beispiel aus der Welt des Fußballs: Im Sommer 2010 besiegte die deutsche Fußball-Nationalmannschaft während der Weltmeisterschaft Argentinien mit sage und schreibe vier zu null Toren. Für argentinische Fußballfans, die dazu neigen, ihre Mannschaft für unbesiegbar zu halten, war das ein geradezu niederschmetterndes Ergebnis. Nun würde es einem dadurch traumatisierten Argentinier als Therapie nicht helfen, wenn er sich ab jetzt vier Jahre lang bis zur nächsten Weltmeisterschaft jeden Mittwoch das Spiel seiner Mannschaft gegen Deutschland auf Video ansehen müsste. (Ich zumindest bin froh, dass ich die meisten Spiele des MSV Duisburg nur einmal sehen muss …)

Totale Angstfreiheit ist weder möglich noch wünschenswert. Die Angst sorgt für Wachsamkeit. Wachsamkeit ist eine Voraussetzung für Bewusstheit, und Bewusstheit wiederum ist das Ziel spirituellen Wachstums. Demzufolge ist die Angst ein Mittel der Seele auf ihrem Weg zur höchstmöglichen Bewusstheit. Sie lehrt uns die Verletzbarkeit des Lebens und leitet uns an, achtsam für das zu sein, was wir lieben. Zwar können wir es zeitweise schaffen, angstfrei zu sein. Niemals aber werden wir es schaffen, die Angst in uns ganz auszulöschen. Auch spirituelle Techniken verhelfen nicht zu einem dauerhaften Zustand der Angstfreiheit. Aber sie können zu einer inneren Stabilität führen, die uns davor bewahrt, dass die Angst uns dauerhaft niederdrückt. Das gilt insbesondere für die Übung der Himmelsbetrachtung. Die Botschaft lautet: Wenn die Furcht dich angreift, schau weder nach vorn in Richtung deiner Befürchtung noch nach hinten in Richtung der Ursache, sondern schau nach oben in die Unendlichkeit. Die Weite ist das Gegenmittel der Enge. Solltest du gerade auf dem Motorrad sitzen, halt vorher an …

Resümee des zweiten Kapitels

Kümmre dich nicht darum, ob man gut oder schlecht über dich spricht, du kannst weder erzwingen noch verhindern, dass über dich gesprochen wird. Der wahre gute Ruf ist die klare Stimme deines Herzens.

Halt nicht zu lange an den Storys deines Verstandes fest, sie lenken dich von deinen wahren Empfindungen ab. Das Leben ist kein Problem, das du verstehen oder lösen könntest, sondern ein Prozess, der gelebt werden muss.

Strebe nicht nach totaler Sorglosigkeit, deine Sorgen sind kein Beweis für mangelndes Vertrauen, sondern vielmehr ein Ausdruck deiner Wertschätzung für das, was dir lieb und teuer ist.

Frag nicht um Rat, wenn du die Bestätigung deiner Ansicht hören möchtest, sondern nur dann, wenn du die Antwort wirklich nicht weißt. In diesem Fall such deine Ratgeber unter denen, die mit ihrem Leben glücklich sind.

Kapitel 3

Schöpferkraft

»Nichts auf der Welt ist so mächtig wie eine Idee, deren Zeit gekommen ist.«

Victor Hugo

Kampfkunst des Herzens: Schöpferkraft

Leg deine rechte Hand an dein Herz und schließ die Augen.
Lass zunächst das Gefühl der Akzeptanz in dir entstehen.
Sag dir: »Ich nehme mein Leben jetzt so an, wie es ist.«
Dann richte deinen Blick auf das Schöne und Gute in deinem Leben.
Mach dir bewusst, was alles für dich da ist, was du liebst und was dich erfreut.
Lass die Dankbarkeit in dir entstehen.
Nun verbinde dich mit deiner Angst, spüre ihre Kraft.
Mach dir bewusst: Diese Kraft kann dir nur dann als Angst begegnen, solange sie vor deinen Augen ist.
Nun stell dir vor, wie die Kraft hinter deinen Rücken wandert.
Sie fließt nun nicht mehr gegen dich, sondern für dich,
ist nicht mehr Gegen-, sondern Rückenwind.
Sie wirft dich nicht mehr um, sondern schiebt dich an.

Mach dir bewusst, dass die Quelle dieser Kraft du selbst bist.
Diese Kraft ist deine Kraft, ihre Energie ist deine Energie, ihr Potenzial ist dein Potenzial.
Sag dir im Stillen: »Ich bin Schöpferkraft!«

Beherzte Entscheidungen

Ein Einsatz der Fahndung in den achtziger Jahren. An einem späten Winterabend stehe ich mit einem Kollegen vor einer Wohnungstür im dritten Stock eines Mehrfamilienhauses. Hier soll sich nach unseren Informationen ein Mann aufhalten, der aus dem Gefängnis ausgebrochen ist. Eine Zeitlang stehen wir vor der Tür im Dunkeln des Treppenhauses und horchen. Als wir Stimmen in der Wohnung hören, glauben wir, dass sich unser Besuch lohnen könnte. Wir treten die Tür ein und gehen mit den Pistolen im Anschlag hinein. So wie wir es schon Hunderte Male gemacht haben. Wir haben Erfahrung in unserem Job, und kaum jemand ist uns in solch einer Situation entwischt.

Diesmal ist es anders. Der Gesuchte, der sich gerade in der Diele aufhält, rennt ins Wohnzimmer und springt durch die Scheibe des geschlossenen Fensters. Das Glas zerbirst mit einem lauten Knall. Das Verhalten des Flüchtigen beeindruckt mich jedoch weit weniger als der Entschluss meines Kollegen, ohne Zögern hinterherzuspringen. Fassungslos stehe ich am Fenster und blicke nach unten in die Dunkelheit. Da ich nichts und niemanden sehen kann, renne ich durchs Treppenhaus nach unten auf die Straße. Ich bin aufs Schlimmste gefasst und bereite mich gedanklich darauf vor, meinen Kollegen blutüberströmt und mit gebrochenen Gliedern vorzufinden. Wenn es gut gelaufen ist, liegt die Zielperson wenigstens daneben, denke ich. Doch die Straße ist leer. Beide sind wie vom Erdboden verschluckt. Orientierungslos laufe ich mal nach links und mal nach rechts die Straße entlang. Nach einigen Minuten entdecke ich meinen Kollegen, der von der anderen Straßenseite auf mich zukommt. Er humpelt etwas, scheint aber ansonsten unverletzt zu sein. Er ist etwas außer Atem und fuchtelt mit der Pistole in der Luft herum.

»Wo ist der Kerl?«, fragt er mich.

»Bist du bescheuert?«, frage ich zurück. Und meine damit sowohl seine blödsinnige Frage als auch den Irrsinn, aus der dritten Etage durch die Überreste einer Fensterscheibe zu springen.

Und woher sollte ich wissen, wo unser gesuchter Freund war? Schließlich hatte ich in den vergangenen Minuten priorisiert Ausschau nach einem fliegenden Kriminalbeamten gehalten, der offenbar glaubte, Batman zu sein.

Der flüchtige Straftäter ging uns einige Wochen später ins Netz. Wie sich herausstellte, hatte er sich bei der Landung einen Fuß gebrochen und es noch bis zur nächsten Telefonzelle geschafft. Von dort aus hatte er Verwandte angerufen, die ihn anschließend aufgenommen und in Sicherheit gebracht hatten.

Bei einem anderen Einsatz stehen wir im Rahmen einer Ermittlung an einer Wohnungstür. Wir haben ein paar Fragen zu einem Mord, der in der Nachbarschaft verübt worden war. Klinken putzen, wie es auch im Polizeijargon heißt.

Nachdem wir geschellt haben, hören wir Schritte in der Wohnung. Wir glauben, dass nun ein freundlicher Bürger die Tür öffnet und uns im besten Fall weiterhelfen kann. Stattdessen bleibt die Tür jedoch zu, und wir hören, wie dahinter eine Schusswaffe durchgeladen wird. Das Geräusch kennen wir natürlich bestens. Wir bewegen uns sofort aus der Schusslinie und stellen uns links und rechts von der Tür mit dem Rücken an die Wand. Wir rühren uns nicht und sagen nichts. Wir schauen uns an und erblicken in dem Gesicht des anderen jeweils ein großes Fragezeichen. Fieberhaft überlegen wir, was wir nun tun sollen. Den Rückzug antreten und Verstärkung holen? Stumm beschließen wir: Nein! Das wäre irgendwie feige. Mit Handzeichen verständigen wir uns, auf drei zu reagieren. Eins, zwei, drei, wir springen vor die Tür und treten sie mit aller Gewalt ein. Der Überraschungseffekt ist auf unserer Seite. Der Typ bekommt die Tür mitsamt Rahmen gegen den Körper. Wir überwältigen ihn und nehmen ihn mit zum Präsidium. Erst dort wird ihm bewusst, dass der Grund unseres Besuchs nicht der Raubüberfall in einer Spielhalle war, den er in der Nacht zuvor begangen hatte.

Last, but not least ein drittes Erlebnis aus dieser Zeit: Im Rahmen einer Ermittlung schelle ich an einer Wohnungstür. Sie wird geöffnet, doch niemand steht vor mir. Ich schaue in einen leeren Flur. Ich ziehe meine Waffe und betrete die Wohnung. Nach ein paar Schritten höre ich hinter mir ein Geräusch und drehe mich um. Vor mir steht ein Mann mit einer Axt, die er mit beiden Händen schlagbereit in die Höhe hält, so als ob er Holz für den Kamin hacken wollte. Mein Problem in diesem Moment war der Umstand, dass sich weder ein Holzstapel noch ein Kamin in der Nähe befanden. Gespalten werden sollte mein Kopf.

Regungslos stehen wir beide uns gegenüber, vergleichen unsere Waffen und bedenken unsere Optionen. Wobei »vergleichen« und »bedenken« vermutlich die falschen Ausdrücke sind. Richtiger wäre: Regungslos stehen wir beide uns gegenüber, starren gebannt auf die Waffe des jeweils anderen und hören auf den heftigen Schlag unserer Herzen. Gott sei Dank lässt mein Gegenüber nach wenigen Sekunden, für mich gefühlt nach einer Stunde, die Axt langsam nach unten gleiten und ergibt sich.

Ich erinnere mich, dass ich es damals als junger Kriminalbeamter nicht leiden konnte, wenn die älteren Kollegen ihre eigenen Heldenstorys erzählten, die dreißig Jahre zuvor stattgefunden hatten. Sie berichteten von Fällen, die längst geklärt waren, erzählten von Kneipen, die schon lange die Schotten dichtgemacht hatten, und beschrieben Ganoven, die bereits ewig tot waren. Zudem glaubte ich manche Geschichten auch nur zum Teil. Vieles schien mir doch sehr aufgebauscht zu sein. Und jetzt sitze ich hier vor meinem Laptop und haue meine eigenen Heldensagen in die Tasten, die ich vor dreißig Jahren erlebt habe. Sie erscheinen mir heute wie Ereignisse aus einem anderen Leben

Mein Alltag hat sich doch sehr geändert, schon lange habe ich keine Tür mehr eingetreten, zumindest keine äußere. Heute versuche ich als Meditations- und Reiki-Lehrer in meinen Vorträgen und Seminaren innere Türen einzutreten. Der Bedarf dafür ist groß. Viele Menschen haben die Türen zu ihrem Herzen verschlossen und reagieren nicht, wenn das Leben schellt.

In dieser Hinsicht sind die »alten« Episoden aus meiner aktiven Zeit als Polizist für mich immer noch aktuell, weil sie lebendige Beispiele für die Botschaften bieten, die ich heute als spiritueller Lehrer vermittle. Die Schöpferkraft zu nutzen bedeutet in erster Linie, Entscheidungen zu treffen. Der Schöpfer ist der Macher, er kann sich nicht zurücklehnen und jemand anderen entscheiden lassen. Der Kampfkünstler des Herzens ist nicht passiv, sondern aktiv. Er ist sich seiner Schöpferkraft bewusst und bereit, sie anzuwenden, indem er Entscheidungen trifft.

Dies bedeutet natürlich nicht, dass man mit einer Entscheidung immer das gewünschte Ergebnis erzielt. Die Entscheidung beispielsweise, ein Streichholz an einem Stück Seife zu reiben, führt eher zur Verzweiflung als zu Feuer. In diesem Zusammenhang hörte ich kürzlich die Aussage: Wer Hoffnung hat, ist oftmals nicht gut genug informiert. Die Entscheidung meines Kollegen, aus dem Fenster zu springen, war weder überdacht noch gelungen. Sie war einfach nur dumm, und er hatte verdammtes Glück, sich dabei nicht schwerer verletzt zu haben. Manchmal reagieren wir im Leben auf ähnliche Weise, indem wir Zielen hinterherspringen, die sich vor unseren Augen verflüchtigen. Dafür exemplarisch stehen Spieler in Casinos oder an den Börsen, die verlorenem Geld weiteres hinterherwerfen in der Hoffnung, den Verlust in Gewinn zu verwandeln. Manche verlieren neben dem Geld auch noch den Überblick und schaufeln sich ihr eigenes finanzielles Grab. Ein anderes Beispiel für solches Verhalten sind Investitionen von Zeit, Kraft und Emotionen in bereits zerrüttete Beziehungen. In der Hoffnung, die Partnerschaft zu retten, werden weitere Enttäuschungen geerntet.

Schlauer als der Sprung aus dem Fenster war unsere spontane Reaktion im zweiten Fall, als wir das Durchladen einer Schusswaffe hörten. Wir traten an die Seite, hielten inne und überdachten unsere Optionen. Sollen wir fliehen oder sollen wir kämpfen? Das Verhalten des Menschen hinter der Tür war für uns überraschend, umso mehr, da wir nicht gekommen waren, um ihn festzunehmen. Wir hatten ihn bis dahin nicht als Gegner, sondern als potenziellen Helfer betrachtet, der uns möglicherweise ein paar Fragen beantworten konnte. Unsere Entscheidung, nicht zu fliehen, sondern anzugreifen, erwies sich in diesem Fall als richtig. Wir drehten den Spieß um und gingen bewaffnet durch die geschlossene Tür. Für einen entscheidenden Moment war die Überraschung auf unserer Seite.

Auch im alltäglichen Leben geraten wir ab und zu in Situationen, in die wir vertrauensvoll hineingehen und plötzlich feststellen müssen, dass sich unser Gegenüber »bewaffnet«. Scheinbar sieht er in uns eine Gefahr, die wir selbst in diesem Moment nicht für begründet halten. Klassische Beispiele dafür sind Mobbingsituationen auf der Arbeitsstelle. Nun wäre es bei »Mobbing im Job« weniger zielführend, die Türen der Kollegen einzutreten, wohl aber würde ich auch in dieser Lage eher zum Angriff als zur Flucht neigen. Intriganten agieren lieber hinter den Rücken anderer. Sie scheuen das Licht. Das Gegenmittel also sind Scheinwerfer, und zwar so groß und so grell, wie's eben geht.

»Sprich mit so vielen Kollegen wie möglich, und zwar nicht leidend und jammernd, sondern konstruktiv und lösungsorientiert«, lautet mein Rat, wenn Menschen mir von solchen Problemen berichten.

»Auch wenn es Mut verlangt und dich Kraft kostet, muss der erste Adressat deiner Ansprache der Mobbende selbst sein. Tust du es nicht, verlängerst du dein Leiden, und das kostet noch mehr Kraft. Doch wenn du die Situation klären willst, musst du sie ans Licht bringen. Klarheit braucht Licht, dein Scheinwerfer heißt Kommunikation.«

Das laute Geräusch des Durchladens der Pistole war eine deutliche Warnung nach dem Motto: »Bis hierhin und nicht weiter …« In meiner dritten polizeilichen Heldensaga blieb der Angreifer jedoch still. Er stand hinter mir und drohte mit der Axt. Keiner weiß, ob er zugeschlagen hätte, wenn ich mich nicht umgedreht hätte. Bevor ich eine Entscheidung treffen konnte, löste sich die Situation auf. Mein Gegenüber ließ die Axt fallen und ergab sich.

Auch mancher Intrigant agiert vornehmlich aus dem Hinterhalt. Nach vorn freundlich, hinter unserem Rücken feindlich. Sobald wir ihn rechtzeitig erkennen, ist die Situation fast schon gelöst. »Gefahr erkannt, Gefahr gebannt«, lautet dazu ein passendes Sprichwort. Ein erkannter Hinterhalt ist kein Hinterhalt mehr. Oft genügt es in solchen Fällen, hinzuschauen und weiter nichts zu tun. Lächle und winke und überbringe auf diese Weise die Botschaft: »Ich habe dich erkannt!« Der natürliche Lebensraum des Hinterhältigen ist der Hinterhalt. In lichten Gefilden ist er ungefährlich. Blicken wir ihn also an und warten. Wie in den alten Draculafilmen können wir dann beobachten, dass sich der Blutsauger im Tageslicht langsam auflöst, während wir weiter gemütlich an unserem Knoblauch knabbern.

Bei der Suche nach der »richtigen« Entscheidung ist es manchmal hilfreich, die eigenen Beweggründe zu hinterfragen. Eigentlich gibt es zwei Hauptmotive, die den meisten Entscheidungen zugrunde liegen: Angst oder Liebe. *Angstentscheidungen* haben die Zielrichtung, einen befürchteten Zustand zu vermeiden, sie sind also »gegen« etwas gerichtet. *Liebesentscheidungen* hinwiederum haben das Ziel, etwas zu erschaffen, sie sind also in diesem Sinne Entscheidungen »für« etwas. Beide sind manchmal schwer voneinander zu unterscheiden. Dann hilft die Frage: Welches Motiv überwiegt? So kann eine Diät eine Entscheidung aus Liebe zu sich selbst sein, sofern sie die Gesundheit und das Wohlbefinden zum Ziel hat. Der Entschluss jedoch, wieder mit dem Rauchen anzufangen, damit man sein Idealgewicht »erschafft«, wäre für mich eher ein Beispiel für eine Entscheidung aus Angst. Sich in jeder Situation zu kasteien, um einem Idealbild zu entsprechen, ist eine Vermeidungsentscheidung gegen Übergewicht. Tötet die Diät jegliche Freude, kann von Liebe keine Rede sein. Liebe zeigt sich in der Erlaubnis, glücklich zu sein, und zwar in dem jeweiligen Augenblick, nicht erst dann, wenn ein bestimmter Zustand erreicht worden ist. Der Kampf gegen einen Zustand kann schnell zum Kampf gegen sich selbst führen.

Es gibt Zeiten, in denen wir uns entscheiden müssen, und es gibt Zeiten, in denen wir es nicht sollten. In manchen Lebensphasen müssen wir unklare Verhältnisse in uns und außerhalb von uns hinnehmen. Ich stelle es mir bildlich so vor: Auf unseren Lebenswegen gelangen wir immer wieder an Weggabelungen, an denen wir uns neu entscheiden können. Zuweilen müssen wir entscheiden, ob wir den alten Weg weitergehen oder einen neuen Weg einschlagen wollen.

Sobald wir uns jedoch für einen Weg entschieden haben und losgegangen sind, müssen wir ihn bis zur nächsten Kreuzung weitergehen. Erst dort können wir eine neue Entscheidung treffen. Bis dahin gibt es keine Abkürzung, die wir nehmen könnten. Zwischen den Gabelungen können wir lediglich über die Geschwindigkeit entscheiden, in der wir den Weg beschreiten. Wir können schneller oder langsamer gehen, und manchmal können wir auch stehen bleiben und uns ausruhen. Die Entscheidung für einen anderen Weg aber können wir erst an der nächsten Gabelung treffen. Sobald wir uns entschieden haben, dürfen wir nie wieder zurückblicken. Die Frage »Wäre der andere Weg der bessere gewesen?« führt im übertragenen Sinn zu Lähmungserscheinungen. Das ist die Botschaft der Geschichte von Frau Lot im Alten Testament. »Schau nicht nach hinten«, sagte man ihr, als sie aus ihrem persönlichen Sodom und Gomorra hinauswollte. Sie hielt sich nicht an den Tipp und erstarrte zur Salzsäule.

Dietrich Bonhoeffer, von dem bereits die Rede war, kehrte 1939 aus den USA nach Deutschland zurück, obwohl er um die Gefahr einer Verhaftung wusste. In den Vereinigten Staaten hatte er sich in Sicherheit befunden, mit der Rückkehr nach Deutschland brachte er sich in Lebensgefahr. 1943 wurde er von den Nazis verhaftet und im April 1945, wenige Wochen vor Ende des Krieges, ermordet. Als er in den letzten beiden Jahren seines Lebens in Haft saß, hätte ihn die Frage »Wie wäre mein Leben verlaufen, wenn ich nicht nach Deutschland zurückgegangen wäre?« sicherlich zermürbt. Aus seinen Briefen aus der Haft geht jedoch hervor, dass er seine Entscheidung nie bereut hatte. Er schrieb, ihm sei die

Entscheidung der Rückkehr leichtgefallen. Die Entscheidung, in Amerika zu bleiben, wäre für ihn zu schwer, kaum tragbar gewesen. Als er sich im Juni 1939 auf dem Schiff von New York nach Deutschland befand, war er erleichtert, obwohl er wusste, dass ihm eine schwere und gefährliche Zeit bevorstand. Sicherlich hatte er gehofft, dass er und seine Mitstreiter im Widerstand die Schreckensherrschaft der Nazis überleben würden. Die Frage ist müßig, ob er auch dann zurückgekommen wäre, wenn er von dem tödlichen Ende dieses Weges gewusst hätte. Der Mut besteht nicht darin, seinem Untergang sehenden Auges entgegenzugehen. Das Gefühl der Vergeblichkeit verleiht keine Stärke. Bonhoeffer hatte den Mut, den Weg ins Unbekannte zu gehen.

Am Vortag seines Todes verabschiedete er sich von seinen Mitgefangenen mit den Worten: »Dies ist das Ende, für mich der Beginn des Lebens.« Seine Texte haben bis zum heutigen Tage vielen Menschen Hoffnung und Trost gegeben, unabhängig davon, ob sie selbst an (einen) Gott glauben oder nicht. Eine der schönsten Verse lautet:

> Von guten Mächten wunderbar geborgen
> erwarten wir getrost, was kommen mag.
> Gott ist bei uns am Abend und am Morgen
> und ganz gewiss an jedem neuen Tag.

Im Jahr 1953, also acht Jahre nach Ende des Krieges, als alle längst wussten, welche Verbrechen im Namen des »Führers« und des Deutschen Reiches begangen worden waren, blieben evangelische Bischöfe demonstrativ Gedenkfeiern zum Todestag Bonhoeffers fern, weil sie keinen Menschen ehren wollten, der einmal Staatsfeind und »Umstürzler« gewesen ist. Später machten sie ihn zu einem ihrer Heiligen und bezeichneten ihn als Märtyrer. Doch Bonhoeffer war kein Märtyrer, und ich glaube auch nicht, dass er einer sein wollte. Ihm ging es nicht um das Leiden. Er war ein lebensfroher Mensch, der die irdischen Genüsse sehr zu schätzen wusste. Er hatte bis zuletzt gehofft, dass sein konspiratives Handeln erfolgreich sein würde. Er hatte für Frieden und Freiheit gekämpft, weil er eines Tages selbst in Frieden und Freiheit leben wollte.

Dietrich Bonhoeffer ist für mich persönlich ein Paradebeispiel für einen Kampfkünstler des Herzens. Von Märtyrertum hingegen halte ich nichts. Ich bin der Erste, der flüchtet, wenn es darum geht, für irgendeine Ideologie, ob religiöser, nationaler oder sonstiger Natur, Leib oder Leben zu riskieren. Doch ich hoffe sehr, dass ich niemals vor meiner eigenen Wahrheit weglaufen werde.

Begehre nicht, erschaffe!

Vor einiger Zeit erhielt ich eine Mail von zwei lieben Menschen. Das Ehepaar hatte vor einigen Jahren an unseren Reiki-Seminaren teilgenommen. Nun teilten sie mir mit, dass sie von allen spirituellen Aktivitäten Abstand genommen hätten. Mit dem Thema wären sie durch. Sie hätten ihr höheres Selbst und die geistige Welt »getestet«, und alle wären »mit Pauken und Trompeten durchgefallen«. Dabei hätten sie doch so sehr vertraut! Das Haus einer guten

Freundin habe zum Verkauf angestanden, da die Freundin nach Amerika ausgewandert sei. Der Preis für das Haus betrug 750 000 Euro. Da sie nicht über so viel Geld verfügten, hätten sie sich das Haus beziehungsweise das Geld dafür eben gewünscht.

In vielen spirituellen Büchern würde das Gesetz der Anziehung beschrieben, demzufolge jeder alles, was er nur wollte, beim Universum bestellen könnte: Reichtum, Gesundheit, eine glückliche Partnerschaft und so weiter. »Wünsch es dir einfach, und es wird dir gegeben«, laute die Botschaft. Gesagt, getan. Jeden Tag hätten sie meditiert und gedanklich Energie in das Projekt gesteckt. Jeden Samstag seien sie in ein Möbelgeschäft gegangen und hätten sich die Einrichtung für das Haus ausgesucht. Sie seien mit dem Gefühl losgezogen, über drei Millionen Euro zu verfügen. So hätten sie sich einen Wohnzimmertisch ausgesucht, der sechstausend Euro kosten sollte. Zwei Jahre lang hätten sie das durchgezogen: Gewünscht, meditiert, vertraut. Alles vergeblich.

Um den »Jungs und Mädels dort oben« die Chance zu geben, ihnen das nötige Kleingeld zukommen zu lassen, hätten sie Lotto gespielt. Sogar während der sechs Wochen, als sie einen Pilgerweg gegangen seien, hätten sie nicht versäumt, für einen gültigen Lottoschein zu sorgen. Ohne Erfolg! Niemand aus der geistigen Welt habe sich berufen gefühlt, ihnen bei der Erfüllung ihres Wunsches zu helfen. Nun hätten sie also beschlossen, der geistigen Welt zu kündigen und weiterzuleben ohne deren Unterstützung, die ja ohnehin nicht viel wert sei.

»Es ist etwa zwanzig Jahre her, dass wir unsere Ausbildung zum Geistheiler absolviert haben, und wir sind noch keinen Schritt weiter …«, lautete der Schlusssatz ihres Mailings.

»Wohl wahr!«, möchte man meinen. Schließlich führt der spirituelle Weg in die Bewusstheit. Um in dem Bild zu bleiben: Mit der Aufgabe ihrer Pläne gingen sie einen Schritt nach vorn. Die Vergeblichkeit ihres Strebens war ihnen bewusst geworden. Mit der Interpretation der Ursachen jedoch gingen sie wieder zwei Schritte zurück. Sie begruben ihre Wünsche nicht wegen der Erkenntnis, sondern aus Enttäuschung. Sie glaubten an das Versagen der geistigen Welt als Grund für die Nichterfüllung ihrer Wünsche. Die »Jungs und Mädels dort oben« konnten oder wollten ihnen offenbar nicht helfen, dachten sie. Dass es an dem Streben selbst gelegen haben könnte, war ihnen bislang nicht in den Sinn gekommen.

Viele »spirituelle Lehrer« ziehen derzeit durch die Lande und verkünden, das Glück der Menschen läge in ihren Wünschen. Jeder könne mit Hilfe einfacher spiritueller Techniken für die Erfüllung seiner Begehrlichkeiten sorgen. Die Prediger der Wunscherfüllung verweisen dabei auf das Gesetz der Anziehung. In ihren Vorträgen zählen sie Beispiele von vielen Menschen auf, die kraft dieses Gesetzes die Erfüllung ihrer Wünsche bewirkt hätten. Jeder von ihnen hatte einen anderen Wunsch: Der eine wollte reich werden und ist es geworden. Ein anderer wollte gesund werden und ist es geworden. Ein dritter wünschte sich ein Haus am Meer und hat es bekommen. Ein vierter wünschte sich den Partner seiner Träume, und der ist in sein Leben getreten. Ein fünfter wünschte sich den Job seines Lebens und hat ihn erhalten. Und so weiter und so fort.

Die scheinbare Schlussfolgerung daraus lautet: Alles ist möglich! Jeder kann alles bekommen, was er sich nur wünscht. Doch das sind falsche Versprechungen. Viele Menschen haben in Europa während der Zeit des Zweiten Weltkriegs gelitten. Viele sind verfolgt und getötet worden, viele haben gehungert und gefroren. Was war da los? Waren diese Menschen etwa alle Versager in der Disziplin des Wünschens? Oder galt das Gesetz der Anziehung damals noch nicht? Und was ist in der heutigen Zeit mit den Menschen, die unter den derzeitigen kriegerischen Auseinandersetzungen auf dieser Welt zu leiden haben? Denken diese Leute kollektiv negativ? Denn wer würde behaupten wollen, dass sie sich ihre jetzigen Erfahrungen herbeigewünscht hätten?

Die Antwort lautet: Das Gesetz der Anziehung ist wesentlich komplexer, als es uns manche selbst ernannten Gurus weismachen wollen. Es ist nur ein Paragraf von vielen im universellen Kodex. Das Gesetz der Anziehung wird nicht durch Wünsche aktiviert, sondern durch Sinn, denn: »Am Anfang war der Logos.«

Richtig ist: Der Mensch ist ein göttliches Wesen. Seine Essenz ist Bewusstsein. Das Bewusstsein ist reine Schöpferkraft. Es erschafft unbegrenzt und unaufhörlich. Alles Erschaffene ist Produkt und Ausdruck dieser Schöpferkraft. Die Schöpferkraft ist untrennbar mit dem Erschaffenen verbunden. Beides ist eins.

Man könnte es wie folgt formulieren: Der grenzenlose Schöpfer ist dazu bestimmt, die Grenzen seiner Schöpfungen zu erfahren. So ist auch mein jetziges körperliches Leben eine begrenzte Schöpfung des grenzenlosen Bewusstseins. Meine Gedanken, Ideen und Träume sind absolut frei. Sobald ich aber meine Gedanken, Ideen und Träume in die Tat umsetze, schaffe ich Grenzen.

Ich möchte es mit einer Reise vergleichen: Ich, Peter Michael Dieckmann, habe die Freiheit, mich für eine Flugreise nach Indien zu entscheiden. Diese Entscheidung ist mein freier Wille. Ich bin der Schöpfer dieser Idee. Sobald ich diese Idee in die Tat umsetze und im Flugzeug nach Neu Delhi sitze, komme ich aus der Nummer nicht mehr raus. Nun bin ich als Schöpfer meiner Idee dazu bestimmt, meine Schöpfung zu erfahren. Ich habe aus einer unendlichen Vielfalt von Möglichkeiten eine bewusste Wahl getroffen. Diese Wahl schränkt mich nun eine Zeitlang ein. Mein Entschluss, die Reise nach Indien anzutreten, folgt einem Sinn. Der Sinn liegt in den Erfahrungen, die ich mir von der Reise verspreche. Nun kann ich mir die Einschränkungen, die mit der Reise verbunden sind, nicht einfach wegwünschen. Sie gehören zu meiner Wahl dazu. Sie sind Teil meiner Bestimmung.

Mein Körper ist Teil der Bestimmung, die ich für die Reise durch mein jetziges Leben gewählt habe. Ich bin dazu bestimmt, das irdische Leben eines Menschen zu führen. Mein Versuch, ein Löwe zu sein, wäre vergeblich. Meine Hände sind dazu bestimmt zu berühren, meine Augen sind dazu bestimmt zu sehen, meine Ohren sind dazu bestimmt zu hören. Niemals würden meine Hände danach streben, Füße zu sein, niemals kämen meine Augen auf die Idee zu singen, niemals käme es meinen Ohren in den Sinn zu riechen. »Du sollst nicht begehren deines Nächsten Haus«, lautet eines der Zehn Gebote aus dem Alten Testament. Strebe also nicht nach einem Leben, das nicht für dich bestimmt ist.

In den Tagen, als ich die Mail des Ehepaars erhielt, das nicht mehr gut auf seine geistigen Helfer zu sprechen war, las ich die Briefe Dietrich Bonhoeffers, die er aus der Haft an seine Eltern und Freunde geschrieben hatte. Am 19. März 1944 schrieb er in einem »Brief an einen Freund« folgende Zeilen:

> »Wünsche, an die wir uns zu sehr klammern, rauben uns leicht etwas von dem, was wir sein sollen und können. Wünsche, die wir um der gegenwärtigen Aufgabe willen immer wieder überwinden, machen uns – umgekehrt – reicher. Wunschlosigkeit ist Armut. In meiner jetzigen Umgebung finde ich fast nur Menschen, die sich an ihre Wünsche klammern und dadurch für andere Menschen nichts sind; sie hören nicht mehr und sind unfähig zur Nächstenliebe. Ich denke, auch hier muss man leben, als gäbe es keine Wünsche und keine Zukunft, und ganz der sein, der man ist. Es ist merkwürdig, wie sich andere Menschen dann an uns halten, ausrichten und sich etwas sagen lassen. Ich schreibe dir das alles, weil ich denke, dass du in dieser Zeit auch eine sehr große Aufgabe hast und weil du später froh sein wirst im Gedanken daran, dass du sie erfüllt hast, soweit es ging. Wenn man einen Menschen in Gefahr weiß, möchte man ihn ganz als den wissen, der er ist. Es gibt ein erfülltes Leben trotz vieler unerfüllter Wünsche; das ist es wohl, was ich eigentlich sagen wollte.«

Die Briefe Bonhoeffers, die in einem Buch mit dem Titel *Widerstand und Ergebung*[1] zusammengefasst sind, hatten mich über einige Wochen hinweg begleitet und bewegt. Aus diesen Briefen konnte ich viel lernen. Ich ging in dieser Zeit bewusster mit mir selbst um. Ich machte häufiger als üblich Spaziergänge im Wald und genoss bewusst meine Freiheit und die Natur. Ich empfand Dankbarkeit für meine Gesundheit, für meine Freiheit und für die Anwesenheit lieber Menschen in meinem Leben, mit denen ich mich treffen, mit denen ich jederzeit persönlich sprechen und die ich berühren und umarmen konnte, wenn ich es wollte. All das hatte Bonhoeffer in den letzten zwei Jahren seines Lebens nicht. All das haben auch gegenwärtig viele Menschen nicht. In diesen Tagen empfand ich den großen Reichtum meines Lebens.

Ebenso reich waren die Verfasser der Mail. Und sie empfanden es nicht. Sie strebten stattdessen nach einem teuren Haus und einem Luxus-Wohnzimmertisch und bezeichneten ihre geistigen Freunde und Helfer als Versager.

»Welch eine Anmaßung! Welch ein Kontrast zu den Briefen Bonhoeffers! Welch eine Sünde!«, dachte ich. Das Wort »Sünde« bedeutet ursprünglich »Verfehlung«. Ein Sünder ist nicht voll und ganz anwesend, ein Teil von ihm fehlt. Immer dann, wenn ich mit meinen Gedanken woanders bin, an einem anderen Ort, in einer anderen Zeit, fehle ich. Ich verfehle den Moment, bin nicht im Hier und Jetzt. Wenn ich danach strebe, ein anderes Leben als das meine zu führen,

1 Dietrich Bonhoeffer: *Widerstand und Ergebung. Briefe und Aufzeichnungen aus der Haft*, Eberhard Bethge et al. (Hgg.), Gütersloher Verlagshaus, Gütersloh 2005.

verfehle ich mein Leben. Wenn ich danach strebe, in einer anderen Welt als der meinen zu leben, verfehle ich meine Welt. Wenn ich danach strebe, eine andere Wahrheit als die meine zu leben, verfehle ich meine Wahrheit. Wenn ich danach strebe, ein anderer als ich selbst zu sein, verfehle ich mich selbst.

Alle großen spirituellen Lehrer predigten die Hingabe an das Leben. Die Hingabe ist die Gegenrichtung der Anziehung. So betrachtet sind viele Suchende zurzeit als Geisterfahrer auf der spirituellen Autobahn unterwegs. Ich habe in den vergangenen Jahren festgestellt, dass Menschen, die bereit sind, Opfer zu bringen, glücklicher und freudiger sind als diejenigen, die es immer auf dem leichten Wege versuchen. Ein Mensch voller Lebensfreude kann das Leben in all seinen Facetten annehmen. Er kann lachen und weinen, feiern und trauern und ist sich darüber bewusst, dass es das eine ohne das andere nicht geben kann. Diejenigen, die versuchen, mit »irgendwelchen spirituellen Techniken« ihre Wünsche zu erfüllen, oder darauf warten, dass endlich die Schwingung der Erde angehoben wird, damit alle in Licht und Liebe leben können, sind viel zu sehr mit dem Heil in der Zukunft beschäftigt. Lebensfreude ist aber immer eine Sache des Augenblicks. Lebensfrohe Menschen konzentrieren sich auf das Gegenwärtige und erkennen deshalb auch die vielen Geschenke, die bereits jetzt in ihrem Leben vorhanden sind.

Der Name Dietrich Bonhoeffer steht exemplarisch für viele Menschen, die in ihrem Leben ein Opfer gebracht und damit die Welt ein Stückchen besser gemacht haben. Er ist ein Beispiel für Menschen, die sich nicht nur in ihren Gebets- oder Meditationsraum zurückgezogen, sondern aktiv für Nächstenliebe und Menschlichkeit eingesetzt haben. Sie alle haben ihre Realität erschaffen. Eine Realität, in die auch andere einbezogen sind. Wir leben heute in einem freien Land, in dessen Verfassung die Würde des Menschen festgeschrieben ist. Wir haben Gewaltenteilung zwischen der Gesetzgebung, der Justiz und der Verwaltung. Wir leben in einer Demokratie und haben allesamt genug zu essen und zu trinken. Wir profitieren von gesellschaftlichen und politischen Errungenschaften, für die sich Menschen nicht nur in der Vergangenheit eingesetzt haben, sondern immer noch engagieren. Viele haben ihren Einsatz mit ihrer Freiheit, ihrer Gesundheit oder auch ihrem Leben bezahlt. Mit ihrer Leidenschaft und Hingabe aktivierten sie das Gesetz der Anziehung für unsere jetzige Erfahrungswelt. Dieses Schlaraffenland, in dem wir leben, bietet die Voraussetzung dafür, dass wir uns mit vielen kleinen Wünschen, die vermeintlich noch zu unserem Glück fehlen, beschäftigen dürfen. Müssten wir täglich für unsere Nahrung und für unsere Freiheit kämpfen, hätten wir keine Kraft und auch keine Zeit für spirituellen Luxus.

Nichts Äußeres kann mich glücklich machen, wenn ich den Wert in meinem Inneren nicht zu spüren vermag. Auch Erfolg macht nicht glücklich. Vielmehr ist es umgekehrt: Wer glücklich ist, ist auch erfolgreich. Das kleine Mädchen aus dem Märchen »Sterntaler« wurde nicht reich an Glück, weil es die richtigen Bestellungen beim Universum eingereicht beziehungsweise eine geheime Visualisierungstechnik angewandt hatte, um das Gesetz der Anziehung für sich zu nutzen. Es wurde vielmehr belohnt, weil es bereit war zu geben – weil es bereit war zu geben, ohne an das Bekommen zu denken. Denn die Wahrheit ist: Das Leben erfüllt mir meine Wünsche nicht zum Nulltarif. Das Universum ist kein Postamt, das auf meine Bestellungen wartet. Das Universum wartet auf meine Gaben, nicht auf meine Forderungen. Es schenkt mir nur so viel, wie ich auch zu investieren bereit bin. Ich muss Vorleistungen bringen. Jeder Bauer muss in Vorkasse gehen. Er muss das Saatgut kaufen, er muss seine Arbeitskraft aufbieten, er muss säen, bevor er ernten kann.

Auch die Visionäre in den einschlägigen Büchern, die wie in der Werbebranche sozusagen als Testimonial herangezogen werden, haben für die Erfüllung ihrer Träume Vorleistungen erbracht. Sie haben Zeit und Lebensenergie investiert. Sie haben sich für die eine Realität entschieden und damit mögliche andere Realitäten geopfert. Sie haben sich ihrer Sache voll und ganz hingegeben. Wer davon träumt, ein großer Musiker zu werden, muss sein Instrument beherrschen. Er muss also üben. Die Übungszeit komplett zu streichen und stattdessen visualisierend und positiv denkend auf der Couch abzuhängen reicht zur Erfüllung des Traums nicht aus.

Nun empfindet ein leidenschaftlicher Musiker – um bei diesem Beispiel zu bleiben – die investierte Zeit nicht als Opfer, sondern als Hingabe. Er hat Freude am Musizieren. Dennoch ändert die subjektive Empfindung nichts an der Tatsache, *dass* er Zeit und Lebensenergie investiert. Er bringt das Opfer freudig und bereitwillig. Während des Übens kann er nichts anderes tun. Er muss sich entscheiden: entweder auf der Couch bleiben und den lieben Gott einen guten Mann sein lassen oder aber üben, auch wenn es manchmal Überwindung kostet. Nicht immer hat man Lust darauf, etwas zu tun. Häufig entsteht die Lust erst durch das Tun.

Oft hört man von Leuten, die nicht aus den Puschen kommen, den Satz: »Ich habe im Moment keine Lust, dieses oder jenes zu tun.« Die Lustlosigkeit kann leicht zu einem inneren Programm werden, das mit Sicherheit nicht in eine dauerhafte Zufriedenheit führt. Lust darf nicht mit Freude verwechselt werden. Mir zum Beispiel bereitet das Schreiben große Freude. Dennoch habe ich meistens keine Lust dazu. Ich muss mich jeden Morgen überwinden, an meinem Manuskript zu arbeiten. Sobald ich aber den inneren Schweinehund besiegt und die ersten Buchstaben in die Tasten gehauen habe, spüre ich Freude.

Ein bekanntes Sprichwort lautet: »Jeder ist seines Glückes Schmied.« Metallbauer wissen, wie anstrengend die Arbeit eines Schmieds ist. Der »Volksmund« hat sich nicht umsonst diesen Beruf als Analogie gewählt. Heute scheinen wie gesagt viele zu glauben, dass man sein Glück nicht mehr selbst schmieden müsste, sondern bei einem göttlichen Zustellservice ordern könnte. Anruf genügt. Wenn es so einfach wäre, müssten alle Anhänger dieser Theorie glücklich sein.

Ich habe in den vergangenen Jahren bei meinen Vorträgen viele Menschen kennengelernt, die den Aussagen der Wunschapostel geglaubt hatten, dass man »einfach so« glücklich werden könne. Viele von ihnen habe ich gefragt: »Bist du denn glücklich?« In den meisten Fällen hörte ich darauf ein »Nun ja …«, häufig aber ein »Nein«. Nur selten hörte ich ein klares »Ja«.

Glücklich zu werden ist nicht einfach. Es ist das größte Projekt überhaupt. Glück ist das höchste Ziel, mehr kann ein Mensch nicht erreichen. Glücklich zu sein bedeutet, mit sich selbst und seinem Leben im Reinen zu sein. Der Weg dorthin ist ein Prozess, der durchlebt werden muss. Der Zustand, »mit sich selbst und dem Leben im Reinen zu sein«, entsteht nicht dadurch, dass ich ihn mir *positiv erdenke*. Der Prozess des Glücklichwerdens ist mitunter harte, emotionale Arbeit. Dabei weist mir die Freude den Weg.

Mit meiner Hingabe in mein Tun erfülle ich mein Leben mit Freude. Auf diese Weise erfülle ich mir meinen Traum. Die Wunscherfüllungstechniken hingegen sind zielorientiert, ohne den notwendigen Weg zum Ziel zu erkennen. Man wendet sie nicht an, weil die Ausübung der Technik Freude bereitet, sondern weil man mit ihrer Hilfe eine vermeintliche Lücke in seinem Leben schließen will. Nicht das Tun soll Freude bringen, sondern das Ergebnis. Dabei liegt es mir fern, Ziele beziehungsweise Ergebnisse im Allgemeinen zu verteufeln. Auch ich habe Freude daran, wenn ich nach einem langen Weg ein schönes Ziel erreicht habe, beispielsweise dieses Buch nach harter Arbeit des Schreibens in meinen Händen halte. Und auch Ergebnisse machen mir Spaß, wenn zum Beispiel der MSV Duisburg gewonnen hat (was allerdings momentan eher selten vorkommt). Auch ist es durchaus legitim, sich eine Zielerreichung oder ein bestimmtes Ergebnis zu wünschen. Doch sollten wir uns nicht auf Ziele und Ergebnisse fixieren und unser Glück davon abhängig machen. Zumal ich beim zweiten Beispiel, ein Sieg meines Lieblingsvereins, keinen Einfluss nehmen kann. Und das fertige Buch in meinen Händen erfüllt mich doch gerade deshalb mit Freude, weil ich dafür Zeit und Schöpferkraft investiert habe. Wer Bestellungen beim Universum aufgibt und keine geeigneten Rahmenbedingungen zur Erfüllung seiner Wünsche schafft, will auf unrealistische Weise einen Mangel in seinem Leben beseitigen. Bringt der universelle Postbote das bestellte Päckchen nicht, gesellt sich zu dem Mangel das Gefühl der Enttäuschung. Durch »Zufall« ausgelieferte Waren hingegen verleiten den Auftraggeber dazu, weitere Bestellungen aufzugeben. Warum sollte man aufhören, wenn es funktioniert? So fragt sich der Stammkunde des Universums also immer weiter, welchen Mangel es noch zu beseitigen gäbe. Auf diese Weise wird sich das Gefühl der »Erfüllung« nicht einstellen.

Insbesondere im Bereich der spirituellen Arbeit zeigen sich die Auswirkungen sofort, wenn jemand in der »nehmenden« Richtung unterwegs ist. Seit etlichen Jahren bilde ich beispielsweise Lehrer für Meditation und Reiki aus. Viele von ihnen gehen anschließend hinaus in die Welt und berühren mit ihrer Arbeit die Herzen der Menschen. Die Guten tun es mit der Einstellung, notfalls selbst noch Geld dafür zu geben. Sie sind bereit draufzuzahlen. Ihre Bereitschaft des Gebens bewirkt, dass sie auch bekommen. Die Teilnehmerzahlen ihrer Gruppen wachsen, und die Arbeit rentiert sich zunehmend auch wirtschaftlich. Diejenigen hingegen, die den Fokus zu sehr auf den finanziellen Ertrag richten, scheitern. Sie machen die Erfahrung: »Ich strample mich ab, und nichts gelingt.« Sobald sie sich wieder auf die Freude besinnen und die Energie in die gebende Richtung lenken, kehrt sich auch ihre Erfahrung zum Positiven um. Dann spüren sie in sich wieder das Feuer der Leidenschaft: »Egal, was kommt, ich mache es trotzdem!«

Die geistige Welt wirkt *in* der gebenden Energierichtung. Deshalb arbeitet sie auch nur *mit* der gebenden Richtung. Die himmlischen »Jungs und Mädels dort oben« vergeben ihre Aufträge nur an die irdischen Mitarbeiter, die »es trotzdem machen«. Die gebende Energierichtung zieht Menschen an, die nehmende Energierichtung hält Menschen fern. »Du darfst noch nicht einmal ans Bekommen denken!«, sagten meine geistigen Lehrer.

Genau diese Botschaft erhielt vor Urzeiten auch eine »spirituelle Führungspersönlichkeit« namens Moses. Die Worte, in diesem Kapitel schon einmal zitiert, waren in Stein gemeißelt: »Du sollst nicht begehren deines Nächsten Haus!«

Meditation: All-ein sein

Setz dich ruhig hin und schließ deine Augen.
Denk an die Menschen in deiner Nähe. Und nun: Trete innerlich einen Schritt zurück.
Denk an den Raum, in dem du sitzt. Und nun: Trete innerlich einen Schritt zurück.
Denk an deine Vergangenheit. Und nun: Trete innerlich einen Schritt zurück.
Denk an deine Zukunft. Und nun: Trete innerlich einen Schritt zurück.
Geh hinein in das Gefühl, getrennt und doch verbunden zu sein.
Getrennt von der Zeit, getrennt von dem Raum.
Du bist all-ein.

Geheimnisse des Lebens – Die Erkenntnis der Meister

Viele Meister der Kampfkünste sind durch ihr jahrzehntelanges Training der Meditation erleuchtet worden. Sie sind aus dem Traum erwacht, getrennt zu sein. Sie leben in dem Zustand des All-ein-Seins und haben erkannt, sie sind:

kein Ego, sondern Energie,
kein Wesen, sondern ein Prozess,
kein Geschöpf, sondern Schöpferkraft.

Einmal im Jahr fahre ich zu einem Vortrag nach Bad Saarow, einem schönen Städtchen in Brandenburg. Dort arbeiten unsere Freunde Bettina und Rene als Meditations- und Reiki-Lehrer. Außerdem gibt es dort eine kleine Buchhandlung, in der ich alljährlich einen Vortrag beziehungsweise eine Lesung halten darf. Unter den Zuhörern ist regelmäßig eine blinde Frau, lebensfroh und humorvoll. »Der Kapitalismus hat mich geblendet«, sagte sie bei unserem ersten Treffen, als wir uns einander vorstellten. Sie hat sich nicht ihrem Leiden, sondern ihrem Leben hingegeben, ist aktiv und kümmert sich auch um andere. Einmal erzählte sie mir von einem Erlebnis in einer Kinderspielgruppe, die sie regelmäßig aufsucht. An einem dieser Nachmittage habe sie auf einer Bank gesessen, neben ihr ein kleiner Junge, sieben Jahre alt, und ein kleines Mädchen, vier Jahre alt. Sie kannte die Geschichte des Jungen, dessen Herz bei der Geburt stillgestanden hatte und von den Ärzten reanimiert werden konnte.

»Er ist tot zur Welt gekommen«, sagte sie. »Vielleicht ist das der Grund für seine besondere Ausstrahlung, die ich zwar nicht sehen, aber deutlich spüren kann.«

Das Mädchen habe den Kopf in ihren Schoß gelegt und zu weinen angefangen.

»Warum weinst du denn?«, habe sie gefragt.

Statt des Mädchens habe der Junge geantwortet: »Sie ist nicht glücklich.«

»Bist du denn glücklich?«, habe sie den Jungen gefragt.

»Ich bin jede Minute glücklich«, antwortete der Kleine.

Eine weitere Teilnehmerin der Veranstaltung erklärte mir nach dem Vortrag, wie wichtig Wasser für die spirituelle Entwicklung des Menschen sei. Auch Jesus hätte gelehrt, dass sich der Mensch innerlich und äußerlich mit Wasser reinigen sollte.

»Warum ist er dann über das Wasser gelaufen, statt hineinzusteigen?«, fragte ich.

»Ach, das war so ein Ego-Ding …«, antwortete sie.

Einen Tag später wurde ich selbst mit dem Thema »Ego« konfrontiert. Ich wurde darüber informiert, dass mein Text »Vor deiner Geburt wurde dir gesagt« aus dem Buch *Ich bin berührt* vielfach im Internet zu finden ist. Viele Leute hatten diese Meditation auf ihre Homepage gestellt, die meisten, so wie es sich gehört, mit Quellenangabe, manche jedoch auch ohne. Unter einigen stand der Vermerk: »Verfasser unbekannt.«

Nun habe ich nichts dagegen, wenn viele Menschen meine Worte lesen, dafür bin ich schließlich Buchautor geworden. Vieles wird im Netz kopiert, und etliche Verstöße werden gegen das Urheberrecht begangen, dagegen anzukämpfen wäre eine Aufgabe für Sisyphos. Das habe ich auch nicht vor, zumindest nicht, wenn es sich um kleinere Textpassagen handelt. Besagte Meditation aber hatten die meisten vollständig eingestellt, das heißt mit allen sechzehn Strophen. Die Rechte an den Buchtexten haben die Verlage beziehungsweise die Autoren. Doch kaum jemand macht sich die Mühe, Verlag oder Autoren vor der Veröffentlichung auf seiner privaten Seite zuvor um Erlaubnis zu bitten. Wenn jemand bei mir anfragt, sage ich nicht nein, sondern freue mich darüber, dass der Anfragende mein Werk als wert betrachtet, auf seiner Seite zu stehen.

Den Vermerk »Verfasser unbekannt« jedoch wollte ich nicht hinnehmen. »Das kann nicht sein«, dachte ich und beschloss zu handeln. Weder hatte ich vor, mir selbst den Ärger darüber zu verbieten, noch, ihn »wegzumeditieren«. Ich nahm mir also vor, die Verantwortlichen der entsprechenden Seiten anzuschreiben. Ich sandte allen eine freundliche Mail mit der Bitte, die Quellenangabe hinzuzufügen oder aber meinen Text auf ihrer Seite zu entfernen.

Zumeist bekam ich auch freundliche Antworten. Schließlich sind es keine schlimmen Finger, die meine Texte gut finden. Eine Dame war erstaunt, dass der Verfasser noch lebte: »Die meisten sind doch tot …«, meinte sie.

Ein Zen-Buddhist mit eigener Hypnosepraxis begann mit mir per Mail zu diskutieren. Er gab mir zu verstehen, meine Gedanken stammten aus einer Quelle, die allen zur Verfügung stünde. Daher könnte niemand die Urheberschaft für einen Text für sich beanspruchen. Die letzten Sätze seiner Mail lauteten: »Wenn Sie aber der Meinung sind, dass Sie doch der Urheber Ihrer Gedanken sind, dann würde mich interessieren, wie Sie es machen, genau das zu denken, was Sie wollen. Sagen Sie mir bitte: Wie kommt es, dass der Geist, aus dem alles aufsteigt, sich selber mit rechtlichen Schritten droht? Das ist doch etwas albern, nicht wahr?«

Diesen Vorwurf wollte der Geist nicht auf sich sitzen lassen und ließ in mir den Gedanken aufsteigen, mal auf die Homepage des Mannes zu schauen. Und was ich da las, brachte mein Herz zum Singen. Anschließend schlug der Geist, aus dem alles aufsteigt, in die Tasten meines Notebooks unter anderem die folgenden Worte: »Wie ich Ihrer Homepage entnehmen kann, legen Sie selbst viel Wert auf die individuelle Darstellung Ihrer Person, beispielsweise durch den Hinweis auf Ihren deutschlandweiten Bekanntheitsgrad durch einen Fernsehauftritt. Wer war denn da in der Sendung? Wenn es der Geist selbst war, wieso legt er so viel Wert darauf, deutschlandweit bekannt zu sein? Zudem sehe ich auf Ihrer Seite den Hinweis: ›Copyright: Alle Rechte vorbehalten.‹ Leider nehmen Sie es mit meinen Rechten nicht so genau. Dies empfinde nun ich als albern.«

Trotz der gegenteiligen Ansichten war unser Meinungsaustausch durchaus respektvoll und freundlich. Wir sind im Guten auseinandergegangen. Ich hoffe auch, dass dies so bleibt und ich nicht von ihm verklagt werde, weil ich ihn ohne Quellenangabe zitiert habe.

Schließlich stimme ich der Grundaussage vollkommen zu: Wir sind alle eins (all-ein), und nichts ist voneinander getrennt. Dies ist die Wahrnehmung von Menschen, die sich selbst als »erwacht« oder »erleuchtet« bezeichnen. In ihrem Empfinden der absoluten Einheit ist auch die Zeit nicht mehr unterteilt in Vergangenheit, Gegenwart und Zukunft. Für sie gibt es nur diesen einen ewigen Moment. Damit verschwindet auch die zeitliche Trennung von Ursache und Wirkung. Der Erleuchtete erfährt Ursache und Wirkung im selben, einzigen Augenblick. Daher lehren viele von ihnen, dass es kein Karma gibt. Niemand muss in der Zukunft für vergangene Taten büßen, weil es weder die Vergangenheit noch die Zukunft gäbe. Manche sagen: »Es gibt keine Person, die etwas tun könnte.« Sie zeigen auf ihren Körper und sagen: »Da ist niemand.« Und weil da niemand sei, könne auch niemand etwas tun, etwas bewirken, etwas verstehen.

Ich sehe es umgekehrt: Die Erkenntnis, dass ich in Wahrheit eins mit allem bin, bringt mich zu der Schlussfolgerung, dass »alles, was ist«, durch mich handeln und durch mich wirken kann. Das ist meine Interpretation des Jesus-Worts: »Der Vater und ich sind eins.« Ich bin die Kraft, die mich erschaffen hat.

Zu den Erwachten gehört auch Karl Renz. Er prägte den Satz: »Wenn du stirbst, nimm's nicht persönlich.« Renz beschreibt die Existenz als eine Fahrt auf einem Kirmeskarussell. Der Mensch sitzt auf einem der Fahrzeuge, tritt in die Pedale und lenkt wie bekloppt. Währenddessen schielt er auf die anderen Fahrzeuge und vergleicht sich mit denen, die vor, neben und hinter ihm fahren. Auch die anderen treten auf die Pedale und lenken wie verrückt. Im nächsten Leben wählt er statt des Treckers das Feuerwehrauto und im übernächsten das Polizeiauto, weil er auch endlich mal vorneweg fahren und die Richtung bestimmen möchte. In jeder Runde tritt er auf die Pedale seines Fahrzeugs und lenkt, was das Zeug hält. Eines Tages dann, in irgendeinem Leben, lässt er, versehentlich oder gezwungenermaßen, je nachdem, Lenker und Pedale los und stellt verblüfft fest, dass sich das ganze Karussell trotzdem weiterdreht …

Welche Konsequenzen ziehe ich nun aus dieser Erkenntnis? Sage ich: »Es ist ja doch alles egal« beziehungsweise – wie Karl Renz es formuliert – »Es geht um nichts …«? Oder sage ich – ebenfalls Zitat Karl Renz –: »Das Leben ist die Olympiade des Bewusstseins. Dabei sein ist alles«? Die erste Aussage bezieht sich auf den Zweck und das Ziel, die zweite auf den Sinn und den Wert des Lebens. Das Leben ist meines Erachtens zwecklos und ziellos, aber es ist sinnvoll und wertvoll. Das Leben ist zwecklos, weil es keinen Zweck braucht. Es gibt über dem Leben keine Instanz, die einen Zweck bestimmt hätte. Das Leben selbst ist der Zweck. Und es ist ziellos, weil es auf kein Ziel hinsteuert. Es geht immer weiter, niemals ist etwas Endgültiges erreicht. Doch obwohl das Leben so betrachtet zwecklos und ziellos ist, ist es dennoch ungeheuer sinnvoll. Je intensiver wir unsere Sinne für die Erfahrung unseres Lebens einsetzen, desto sinn-voller wird es. Und je intensiver wir leben, desto mehr werden wir uns des Wertes des Lebens bewusst. Wenn wir einem Baby in die Augen schauen, spüren wir in uns das Bedürfnis, es zu beschützen. Nichts darf diesem kleinen Geschöpf passieren. In uns allen ist dieser Drang, zu lieben und zu beschützen, weil wir tief in unseren Herzen spüren, wie wertvoll das Leben als solches ist. Je mehr wir uns über die wahre Natur des Lebens bewusst werden, desto mehr begreifen wir, wie sehr sich unser Einsatz für das Leben lohnt.

Jesus sagte seinen Schülern: »Wenn ihr die Geheimnisse des Lebens wissen wollt, müsst ihr eure Augen öffnen.«

Wenn ich die Natur betrachte, erkenne ich, dass alles miteinander verbunden ist. Keine Pflanze, kein Baum, kein Tier und kein Mensch sind von der Erde, von der Luft, von Wasser und von Wind getrennt. Kein Tropfen eines Wassers ist von den anderen Tropfen getrennt. Alle Tropfen gemeinsam ergeben einen Bach, einen See, einen Fluss, einen Ozean. Ohne den einzelnen Tropfen gäbe es das Wasser nicht. Ebenso verhält es sich mit »allem, was ist«. Ohne das Einzelne gäbe es das Ganze nicht. Nichts Lebendiges ist nur ein Produkt des Lebens, sondern vielmehr das Leben selbst.

Das erste Geheimnis, das offen vor unseren Augen liegt, ist die *Einheit von »allem, was ist«*.

Und dieses Leben ist immer in Bewegung. Das Wasser fließt, der Wind weht, die Tages- und Jahreszeiten wechseln, alles blüht und vergeht. Nichts bleibt, wie es ist. Das Wesen des Lebens ist Bewegung und Veränderung.

Das zweite Geheimnis, das offen vor unseren Augen liegt, ist die *Bewegung von »allem, was ist«*.

Die Bewegung des einen Lebens vollzieht sich in dem beständigen Rhythmus von Annähern und Entfernen. Mein Atem nähert sich meinem Körper und entfernt sich wieder von ihm. Ebbe und Flut sind das Einatmen und Ausatmen des Meeres. Das Wasser nähert sich dem Ufer und entfernt sich wieder. Die Geburt des Körpers ist die Annäherung des Lebens an das Irdische, der Tod ist die Entfernung des Lebens vom Irdischen. Aus der Perspektive der geistigen Welt ist es umgekehrt: Mit der Geburt in die Körperlichkeit entfernt sich die Seele von der geistigen Welt, mit dem Tod nähert sie sich wieder an. Während des irdischen Lebens zeigt sich der Rhythmus durch den Wechsel von Wachheit und Schlaf.

Auch das Wachstum eines Menschen vollzieht sich im Rhythmus von Annäherung und Entfernung. Mit dem Erwachsenwerden entfernt sich der Mensch von seiner Kindheit. Im Alter nähert er sich der Kindheit wieder an.

Das dritte Geheimnis, das offen vor unseren Augen liegt, ist die *Beständigkeit von »allem, was ist«*.

Einheit, Bewegung und Beständigkeit bleiben Geheimnisse, solange wir das Gegenteil für die Wahrheit halten. »Alles geschieht nach eurem Glauben«, lehrte der Meister der Liebe seine Schüler. Der Glaube an Trennung führt uns in die Einsamkeit, der Glaube an Stillstand führt uns in die Resignation, der Glaube an Unbeständigkeit führt uns in die Enttäuschung. Werden uns die Geheimnisse aber offenbar, zeigen sie uns die Richtung zu unserem Glück. Ein Meister der Kampfkunst des Herzens hat die Geheimnisse des Lebens erkannt und weiß, diese für sich zu nutzen.

Die Offenbarung der Einheit zeigt ihm, dass er Einfluss hat. Da er mit allen verbunden ist, kann er keinen anderen verletzen, ohne zugleich sich selbst zu verletzen. Umgekehrt kommt auch alles Schöne und Gute, das er in die Welt trägt, eines Tages wieder zu ihm zurück. Die Botschaft für den Kampfkünstler des Herzens lautet: »Ich bin der Boss, und ich habe es in der Hand!«

Die Offenbarung der Bewegung zeigt ihm, dass er nicht auf Standpunkten und Meinungen beharren kann. Die fortwährende Bewegung des Lebens bringt Veränderungen mit sich. Er wird morgen anders denken als heute, er wird morgen anders fühlen als heute, er wird morgen anders handeln als heute. Die Botschaft für den Kampfkünstler des Herzens lautet: »Ich bin ein nicht abgeschlossener Prozess, und es ist riskant und gefährlich, mit mir zu leben!«

Die Offenbarung der Beständigkeit zeigt ihm, dass er seinen Weg, sobald er ihn gefunden hat, nicht verlassen soll, auch wenn er manchmal beschwerlich ist. Viele Menschen sind glücklich geworden, weil sie in ihrem Leben lange Zeit dasselbe gemacht haben. Sie sind beständig geblieben und dadurch tief in ihr Leben eingetaucht. Sie haben der Versuchung widerstanden, Ausschau nach immer Neuem zu halten. Sie haben erfahren, dass auch in der Tiefe jeder Moment einmalig und einzigartig ist. Die Botschaft für den Kampfkünstler des Herzens lautet: »Ich steige nicht aus, wenn das Wunder noch bevorsteht!«

So wie sich das körperliche Leben auf der Erde ständig weiterentwickelt, unterliegt auch das geistige Bewusstsein der Evolution. Dieser Prozess ist fließend und unaufhörlich. Deshalb sind Klassifizierungen immer grob und unvollständig. Das gilt auch für meine Beschreibung der folgenden Bewusstseinsstufen. Man möge sie daher mehr als Gleichnis und weniger als Dogma betrachten:

Chaotische Unbewusstheit,
ichhafte Abgrenzung,
ichhafte Erweiterung,
Selbstfindung,
Selbstwerdung,
Vereinigung,
Einheit

sind die Entwicklungsstufen des Bewusstseins. Auf jeder Etage des Bewusstseins durchläuft die Seele viele Leben. Eine Inkarnation reicht nicht aus, um zur nächsten Stufe zu gelangen. Zwischen den Reisen in die Körperlichkeit macht die Seele Urlaub in ihrer Heimat, der geistigen Welt. Hier kann sie sich von den Anstrengungen erholen. Sie reflektiert ihre Erfahrungen und plant die nächsten konfliktreichen Ausflüge. Die Konflikte sind für die Seele notwendig, damit sie sich weiterentwickeln kann. Es ist wie im richtigen Leben: Wer sein ganzes Leben nur Urlaub macht, kriegt nichts geschafft. Jede Bewusstseinsstufe stellt die Seele vor neue Herausforderungen.

Auf der Stufe der *chaotischen Unbewusstheit* ist das »Ich« noch nicht erwacht. Es erfährt seine Existenz in der Einheit von »allem, was ist«, ohne sich seiner selbst bewusst zu sein.

Nach dem Erwachen des »Ich bin« folgt die Stufe der *ichhaften Abgrenzung*. Das Ich wird sich seiner selbst gewahr, indem es zwischen sich und dem scheinbar anderen trennt. Es definiert sich durch die Abgrenzung zu all dem, was es (vermeintlich) nicht ist. In der ichhaften Abgrenzung muss das erwachte Bewusstsein seine Grenzen verteidigen. Es will nicht mehr in die chaotische Unbewusstheit zurückfallen und muss sich daher gegen Vereinnahmungen und Verbindungen wehren. Die ichhafte Abgrenzung ist der Zustand der totalen Beziehungsunfähigkeit. Die Abgrenzung des »Ich« von allen anderen führt auf Dauer zu Einsamkeit und dem Verlangen nach Liebe und Geborgenheit. Dann ist die Seele bereit für die nächste Stufe.

Auf der Stufe der *ichhaften Erweiterung* entsteht nun das Bedürfnis nach Kontakt. Das »Ich« verspürt die Sehnsucht nach dem »Wir«. Es strebt danach, Gemeinschaften zu bilden. Auf dieser Stufe entwickelt das erwachte Selbst sein Bewusstsein für Familie, Nation, Rasse und Religion. Das »Ich bin« erweitert seine Grenzen. Es muss entscheiden, wer von den anderen zu ihm gehört und wer nicht. In der ichhaften Erweiterung will das »Ich« seinen Platz in der Gruppe finden. Es fragt sich: Wie sehen mich die anderen? Erfülle ich die Erwartungen, die die Gruppe an mich stellt? Es muss seinen Platz in der Hierarchie der Gruppe finden. Freundschaften, Feindschaften, Streit und Kampf untereinander und gegen andere Gruppen sind die Schwerpunktthemen der Seele auf dieser Bewusstseinsetage.

Auf der Stufe der *Selbstfindung* erwacht das Bewusstsein zu der Erkenntnis, dass auch die Gruppe eine Begrenzung für das Selbst darstellt. Das »Ich« erfasst: Die Identität der Gruppe ist nicht meine Identität. Ich bin nicht nur ein Teil einer Gruppe, sondern existiere auch losgelöst von ihr. Ich lebe in der Gemeinschaft, jedoch nicht durch sie. Ohne mich gäbe es die Gemeinschaft nicht. Ich bin nicht weniger, sondern mehr als sie. Inkarnationen auf der Stufe der Selbstfindung sind geprägt von Versuch und Irrtum. Diese Leben sind reinste Achterbahnfahrten. Unfälle, Krankheiten und Schicksalsschläge sind an der Tagesordnung. Der universelle Wecker schellt ununterbrochen. Das »Ich« kann sich nicht mehr durch die Gruppe definieren und findet dort daher keine Geborgenheit mehr. Es fragt sich: Wer bin ich wirklich? Wer bin ich, und was ist der Sinn meines Lebens? Was ist meine Lebensaufgabe?

Die Loslösung von der Gruppe führt die Seele in den Zustand des Außenseiters.

Auf der Stufe der *Selbstwerdung* muss das »Ich« sich selbst beweisen. Es hat sich selbst und den Sinn seines Daseins erkannt und will sein Leben danach ausrichten. Es muss den Weg der eigenen Wahrheit gehen und den Versuchungen der Anpassung widerstehen. Das Thema der Selbstwerdung ist die Verantwortung. Das »Ich« muss den Mut beweisen, gegen alle Widerstände seinen Weg zu gehen und seine Wahrheit zu leben. Es erinnert sich an die Geborgenheit, die es damals als Teil einer Gruppe erfahren hat. Doch gibt es keinen Weg mehr zurück.

Auf der Stufe der *Vereinigung* feiert das »Ich« Hochzeit mit sich selbst. Es vereinigt sich mit den Teilen seines Selbst, die es bislang als getrennt von sich betrachtet hat. Die Vereinigung ist der Zustand, der in esoterischen Kreisen »Erleuchtung« genannt wird. Das innere Licht flackert nicht mehr nur, sondern erstrahlt wie nie zuvor. Was ehedem im Dunkeln verborgen lag, ist nun offensichtlich. Jegliche Trennung ist Illusion. Auch die Vereinigung stellt die Seele vor Herausforderungen.

Der Zustand der Erleuchtung ist nämlich nicht per se problemlos. Auch Jesus war erleuchtet, und dennoch bestand sein Leben nicht nur aus freudigen Ereignissen. Man könnte nun meinen: »Wenn die Kreuzigung Folge der Erleuchtung ist, verharre ich lieber weiter im Dunkeln.« Auf der Stufe der Vereinigung erlebt der Mensch ein Paradoxon: Er fühlt sich mit allen verbunden und ist dennoch ein Außenseiter, da er einer Minderheit angehört. Mit wem sollte er sich über seine Erfahrungen austauschen können? Kaum einer versteht ihn. Zudem fällt es einem Erleuchteten schwer, sich für die alltäglichen Dinge zu motivieren. Seine Wahrnehmung von der Welt hat sich verändert. Es gibt für ihn keine Außenwelt mehr. Außenwelt und Innenwelt sind für ihn eins. Welches Ziel könnte sich ein erleuchteter Meister, eine erleuchtete Meisterin noch setzen? Für ihn, für sie ist die Versuchung groß, sich treiben zu lassen.

Doch nach der Hochzeit folgt der Tanz. Der verlorene Sohn, die verlorene Tochter ist zurück, das Fest wird gefeiert. Die Stufe der *Einheit* ist das All-ein-Sein. Das Ich fühlt sich nicht nur verbunden mit »allem, was ist«, sondern es fühlt sich als »alles, was ist«. Es ist geworden, was es immer war: nicht nur ein kleiner Tropfen, sondern der Ozean selbst. Der Zyklus der Körperlichkeit ist abgeschlossen. Auf dieser siebten Stufe sieht das Selbst sich um und erkennt, dass es sich immer noch auf der ersten Stufe befindet. Es begreift: Auch die Trennung zwischen den einzelnen Stufen war nur eine Illusion. In Wahrheit hat die Reise nie begonnen, und sie wird daher niemals enden. Alles ist ein gigantisches Spiel des einen Bewusstseins.

So wie ein Mensch in einem Leben alle körperlichen Evolutionsstufen von der Samenzelle über den Embryo zum Erwachsenen durchläuft, so durchläuft er nach der Geburt auch mehrere Bewusstseinsstufen. Die Samenzelle wächst aus der *chaotischen Unbewusstheit* in die *ichhafte Abgrenzung* des Embryos, der Säugling erfährt durch die Berührung der Mutter die *ichhafte Erweiterung*. So geht der Prozess weiter bis zu der Bewusstseinsstufe, zu der sich die Seele bereits entwickelt hat.

Die Evolution des Bewusstseins vollzieht sich auch global. Aktuell neigt sich die globale Phase der *ichhaften Erwei-*

terung dem Ende zu. So wie es im Kino für manche Filme eine Altersbeschränkung gibt, so erhalten in dieser Zeit nur die Seelen ein Ticket für eine Inkarnation, die es mindestens bis zur Selbstfindung geschafft haben. Darunter geht's nicht mehr. In früheren Zeiten konnte sich der Mensch über eine Gruppe definieren. Seine Identifikation fand er in der Zugehörigkeit zu einer Nation, einer Religionsgemeinschaft, einer Partei, einem Schützenverein und so weiter. Dies ist nicht mehr möglich. In der Epoche der *Selbstfindung* verlassen die Menschen auf der Suche nach ihrer wahren Identität die Gruppen, die ihnen bislang Halt und Geborgenheit gegeben haben.

Die Kirchen erleben ebenso wie die politischen Parteien einen enormen Mitgliederschwund. Vereine und Organisationen haben es schwer, Nachwuchs zu rekrutieren. Die Zeiten der Kegelclubs und Schützenvereine sind vorbei. Kontakte werden über das Internet geschlossen. Jeder sitzt für sich allein vor dem Computer. Vielerorts wird deshalb die Abschottung des Ichs beklagt. Diese Phänomene sind Symptome unserer neuen Zeit.

Was manche als Werteverlust beklagen, ist in Wahrheit Ausdruck einer Weiterentwicklung des Bewusstseins. Auf diesem Planeten ist die Epoche der Selbstfindung angebrochen. Wir stehen vor neuen Herausforderungen. Wie für den Einzelnen gilt auch für das Kollektiv: Auf der Stufe der Selbstfindung wird es turbulent. Eines Tages werden wir die Stufe der Selbstwerdung erreicht haben, die uns wiederum mit neuen, kollektiven und persönlichen Herausforderungen konfrontieren wird.

Auch dann werden wir als »Kampfkünstler der Herzen«

gefordert sein. So wie das Bewusstsein sich im großen, universellen Kontext weiterentwickelt, so schreitet auch der Kampfkünstler im Laufe seines Trainings voran. Die Lektionen der Selbstachtung lehren ihn den Umgang mit sich selbst. Sie stehen zu Beginn seiner Ausbildung. Die Lektionen der Klarheit lehren ihn den Umgang mit seinen Sorgen, Ängsten und Ärgernissen. Die Lektionen der Schöpferkraft lehren ihn den Umgang mit dem Schicksal. Indem er in die Geheimnisse des Lebens eintaucht, gelangt er zur Meisterschaft. Dazu gehört auch die Beschäftigung mit dem größten Geheimnis von allen.

Das größte Geheimnis des Lebens ist der Tod.

Achte auf die letzten Momente

Die gefährlichsten Kämpfer sind diejenigen, die keine Angst vor dem Tod haben, weil sie nie einen Gedanken an ihn verschwenden.

Die dümmsten Kämpfer sind diejenigen, die keine Angst vor dem Tod haben, weil sie sich selbst für unverletzbar und unsterblich halten.

Die Meister der Kampfkünste sind diejenigen, die keine Angst vor dem Tod haben, weil sie dessen wahre Natur erkennen.

Im Februar 2011 lernte ich Christoph kennen. Vom ersten Moment an waren wir Freunde. Es war sozusagen Liebe auf den ersten Blick. Christoph sah klasse aus und hatte eine immense Ausstrahlung. Obwohl er nicht sehr groß und von schmaler Statur war, erfüllte er jeden Raum. Christoph war immer fröhlich, er lachte und erzählte viel und tanzte wie ein Wilder. Er kam gern zu Karina und mir, und er liebte unsere Katzen. Bei seinem ersten Besuch kam er die Treppe zu unserer Wohnung hochgerannt und rief laut: »Hallo, ich bin der Christoph!«

Zu diesem Zeitpunkt war er zweieinhalb Jahre alt. Richtigerweise müsste man sagen, dass der Körper des kleinen Jungen dieses Alter hatte. Wenn man in Christophs Augen sah, erblickte man eine uralte Seele. Das gilt im Übrigen für alle Kinder dieser Zeit.

Der Name Christoph bedeutet »der den Christus trägt«. Für niemanden, den ich kenne, war der Name bezeichnender als für diesen kleinen großen Jungen. Niemals zuvor habe ich bei einem Menschen eine solch hohe spirituelle Präsenz wahrgenommen. Drei Tage vor seinem dritten Geburtstag starb Christoph. Vom Zeitpunkt unserer ersten Begegnung bis zu seinem Todestag waren nur vier Monate vergangen. Die kurze Zeit mit ihm ist für mich ein Geschenk für mein ganzes Leben.

Die Krankheit war gekommen, als Christoph anderthalb Jahre alt war. Ab diesem Zeitpunkt hatte er unzählige medizinische und therapeutische Maßnahmen über sich ergehen lassen müssen. Dennoch hat er nie geklagt. Der kleine Mann war immer gut gelaunt. Auch noch nach der dreißigsten seiner Chemobehandlungen, die teilweise in täglicher Folge vollzogen worden waren, war er voller Lebensfreude auf die Straße gelaufen und hatte seine Eltern zum Lachen und Spielen animiert.

Christophs Mutter sagte mir, ihr Sohn habe sich offenbar

gegen ein Leben in einer diskriminierenden Welt entschieden. Ich antwortete, dass nach meiner Wahrnehmung die Seelen niemals Entscheidungen *gegen*, sondern immer *für* das Leben treffen. Die Geburt ist eine Entscheidung der Seele für ein Leben in der Körperlichkeit, und der Tod ist eine Entscheidung für ein Leben in der geistigen Welt. So betrachtet, ist der irdische Tod eines Menschen eine Geburt in der geistigen Welt. Umgekehrt ist die Ankunft hier auf der Erde ein Abschied aus der geistigen Welt. Der jeweils erste Moment auf der einen Seite ist zugleich der letzte auf der anderen.

Die Frage »Warum musste dieser Mensch so früh sterben?« ist mit der Frage »Warum wurde dieser Mensch geboren?« verbunden. Beide Fragen können wir verstandesmäßig nicht beantworten. Das Leben ist ein unfassbares Mysterium. Ich persönlich glaube, dass es besondere Seelen sind, die sich nur für kurze Zeit auf der Erde aufhalten. Sie haben den Auftrag, die Herzen der Menschen zu berühren. Sie kommen als Kinder und gehen als Kinder wieder zurück in ihre geistige Heimat, bevor sie aus dem Alter der Unschuld herausgewachsen sind.

Es gehört zu den Lektionen und Herausforderungen des Menschseins, manchmal Opfer und manchmal Täter zu sein. Während eines langen Lebens kommen wir nicht umhin, uns gelegentlich auch mal schuldig zu machen. Die großen Meister der Liebe haben diese Lektionen in ihren früheren Inkarnationen bereits gelernt. Ihre persönliche Entwicklung ist abgeschlossen. Sie *wollen* sich nicht mehr schuldig machen und gehen, bevor sie sich schuldig machen *müssen*. Diese Seelen bringen uns die Liebe in ihrer reinsten Form. Reine Liebe ist untrennbar mit dem Schmerz der Trauer verbunden. Wer die Liebe tief durchdringt, gelangt an den Schmerz, wer den Schmerz tief durchdringt, gelangt wieder zur Liebe. Das ist die zentrale Botschaft des Christentums, vermittelt in dem Gleichnis von Kreuzigung und Auferstehung.

Christophs Mutter stammt aus Deutschland, der Vater aus Eritrea. Der kleine Christoph war dunkelhäutig. Aus diesem Grund lehnten zwei katholische Gemeinden im Ruhrgebiet die Beerdigung des kleinen Jungen auf ihrem Friedhof ab, darunter auch die Gemeinde, in der Christoph getauft worden war. Dies hätte ich bis dahin nicht für möglich gehalten. Wenn mir solch einen Sachverhalt jemand im Zusammenhang mit einer freikirchlichen Sekte in den USA erzählt hätte, okay, hätte ich es geglaubt. Aber doch nicht in Deutschland im Jahre 2011, dachte ich. Jeder, der davon hörte, reagierte ebenso fassungslos, auch mein Freund Lars, der Priester der katholischen Gemeinde in Schillig an der Nordsee.

»Da preisen wir Katholiken uns als Weltkirche, und doch sind manche von uns so kleingeistig, dass sie die Messdiener der Nachbargemeinde nicht akzeptieren«, sagte er. Er erzählte mir eine Anekdote von einer dunkelhäutigen Frau in New York, die um Aufnahme in eine Kirchengemeinde bittet. Der Pfarrer dort weist sie ab. Auf ihre Frage nach dem Grund für die Ablehnung rät der Geistliche ihr, sie möge den Allmächtigen im Gebet um eine Antwort bitten. Dies tut sie und hört in ihrem Gebet die Stimme Gottes: »Es handelt sich um eine sehr exklusive Gemeinde. Ich bemühe mich schon seit langem, dort hineinzukommen. Es ist auch mir noch nicht gelungen …«

Letzte Momente gibt es nicht nur im Angesicht des Todes, sondern auch mitten im Leben. Jeder Augenblick ist einmalig und vergänglich, er besteht in diesem Sinne zugleich zum ersten wie zum letzten Mal. Entscheidend ist, auf welchen der beiden Aspekte ich meine Achtsamkeit richte. In den Tagen nach Christophs Tod habe ich den Unterschied gelernt. An dem darauffolgenden Wochenende fand eines unserer Reiki-Seminare in Friesland statt. Einer der Teilnehmer war Franz aus Österreich. Er war achtzig Jahre alt und hatte die zehnstündige Zugfahrt von Wien auf sich genommen, um in Schillig seinen Reiki-Meistergrad zu absolvieren. Franz war zum ersten Mal im Norden und nahm die neuen Eindrücke sehr bewusst auf. Er schaute sich alles mit staunenden Augen an und war dankbar für das, was er sah. Er wusste, dass er wohl nicht nur zum ersten, sondern vermutlich auch zum letzten Mal in seinem Leben die Nordsee sehen würde.

Nach dem Seminar brachte ich Franz zum Bahnhof. Bevor er in mein Auto stieg, hielt er inne und betrachtete noch einmal das Meer. Am Bahnhof angekommen, stiegen wir aus und verabschiedeten uns. Wir gaben uns die Hände, und er wollte meine Hand nicht mehr loslassen. Wir schauten uns in die Augen, und er wollte den Blick nicht mehr abwenden. Wir umarmten uns, und er wollte die Umarmung kaum mehr lösen. Dann stieg ich ins Auto und fuhr los. Durch den Rückspiegel sah ich, dass Franz sich nicht von der Stelle rührte. Er blieb stehen und blickte dem Wagen so lange hinterher, bis er aus seinem Blickfeld verschwunden war.

Franz war zum letzten Mal an diesem Ort gewesen und wusste es, er hatte mich zum letzten Mal gesehen und wusste es. Er war bereit gewesen, die Augenblicke so intensiv wie möglich zu erfahren. Er hatte den Mut, sein Wissen in Bewusstsein zu verwandeln.

Achte auf die letzten Momente, das war die Lektion, die Franz mir an diesem Wochenende beigebracht hatte. In der Zeit danach übte ich. Ich begann, die Welt in dem Bewusstsein der letzten Augenblicke zu betrachten.

Am Tag darauf feierten Nicole und Markus, die zusammen mit Franz das Seminar besucht hatten, Hochzeit am Strand. Auch dieses Ereignis war voller letzter Augenblicke: Es gab den Moment, an dem beide zum letzten Mal vor ihrer Ehe das Hochzeitszelt betraten. Es gab den Moment, an dem beide zum letzten Mal ihre Namen in das Buch des Standesbeamten schrieben. Es gab den Moment, an dem sich beide zum letzten Mal den *ersten* Kuss in ihrer Ehe gaben.

Es war eine stürmische Hochzeit mit Sonne, Wind und Regen. Während der Zeremonie befürchteten wir, dass das Hochzeitszelt vom Sturm weggerissen würde. Doch beim anschließenden Sektausschank am Strand hatten sich die Regenwolken verzogen, und es schien wieder die Sonne.

Nach der Hochzeit fuhren Karina und ich zurück ins Ruhrgebiet und nahmen an der Vorbereitung für Christophs Trauerfeier teil. Es war eine Zeit voller Höhen und Tiefen, voller Freuden, Wehmut und Trauer. Die Tage vor und nach Christophs Tod waren so intensiv, weil sie voller letzter Augenblicke waren. Innerhalb einer Woche hatte ich das letzte Mal Christoph gesehen, das letzte Reiki-Seminar mit diesen Teilnehmern geleitet, das letzte Mal Franz aus Wien verabschiedet, das letzte Mal die Hochzeit von Nicole und Markus erlebt.

Viele Menschen streben nach dem Neuen. Sie wollen ein aufregendes Leben erleben. Deshalb machen sie sich immer wieder auf die Suche nach neuen, ersten Augenblicken. Nach kurzer Zeit empfinden sie die neuen Erfahrungen als alt und beginnen wieder mit ihrer Suche nach dem Neuen. Aus Angst vor Langeweile vermeiden sie das Beständige. Nie nehmen sie sich die Zeit, in die Tiefe des Augenblicks hineinzugehen. Die Kunst besteht darin, nicht mehr nach den ersten Momenten zu suchen, sondern die letzten Momente zu erkennen. Solange wir laufend Ausschau nach dem Neuen halten, bleibt unser Leben schnell und hektisch. Achten wir hingegen auf die letzten Momente, wird unser Leben langsam und tief. Todgeweihte Menschen erfahren das Hier und Jetzt verstärkt, weil sie keine Zukunft mehr haben. Aus diesem Grunde berichten viele von ihnen, dass die letzte Zeit in ihrem Leben zugleich die intensivste war. Eine Frau sagte einmal: »Die Gewissheit des Todes lässt mich im Leben alles wagen.«

Ich bin jetzt 51 Jahre alt. Meine liebe Freundin Marina starb in diesem Alter. Vor kurzem starb auch der Schauspieler Dirk Bach, er war ebenfalls 51 Jahre alt. Ich habe beschlossen, den Rest meines Lebens als Zugabe zu betrachten und so kompromisslos wie möglich zu leben. Kompromissloses Leben bedeutet nicht, dass wir keine Rücksicht mehr auf andere nehmen, sondern vielmehr, entschlossen und mutig unserem eigenen Lebensweg zu folgen. Auf meinem Grabstein soll auf jeden Fall nicht der Spruch eingemeißelt sein: »Mein Leben hat allen gefallen, nur ich fand es doof!«

In vielen Mythologien wird der Übergang eines Verstorbenen in die geistige Welt als eine Überfahrt über einen Fluss beschrieben. Am Ufer des Irdischen nimmt der Fährmann des Todes die Seele des Menschen in Empfang und bringt sie auf die andere Seite des Flusses in das Totenreich. Ich finde dieses Bild sehr anschaulich: zwei Uferseiten, diesseits und jenseits des Flusses der Zeit. Auf der einen Seite des Flusses verläuft der Weg der Vergänglichkeit, auf der anderen Seite des Flusses verläuft der Weg der Ewigkeit. Beide Wege gehen wir zugleich. Auf der Seite der Vergänglichkeit erhalten wir unsere Lernaufgaben, von der Seite der Ewigkeit erhalten wir unsere Inspiration. Immer wieder müssen wir dorthin, um Kraft zu schöpfen. Im Schlaf tauchen wir hinab in den unendlich tiefen Fluss der Zeit. Unser Bewusstsein ist ewig und unverletzbar, es kann niemals vergehen und niemals zerstört werden. Warum nun verlässt eine ewige und unverletzbare Seele die Geborgenheit und begibt sich in die Erfahrung von Schmerz und Leid? Weshalb tut sie sich das an? Meine Antwort lautet: um den Wert des Lebens zu begreifen. Die Erkenntnis »Ich bin« reicht dafür allein nicht aus. Der Apostel Paulus brachte es auf den Punkt: »Wüsste ich alle Geheimnisse, hätte alle Erkenntnis, hätte aber die Liebe nicht …«

Der spirituelle Weg ist kein Weg der Erkenntnis, sondern ein Weg der Erfahrung. Durch die Erfahrung von Vergänglichkeit und Verletzbarkeit erst spüren wir den unschätzbaren Wert des Daseins. Als ich den Teilnehmern meiner Meditationsabende die Übung »Achte auf die letzten Momente in deinem Leben« als Hausaufgabe gab, bekam ich von einigen anschließend die Rückmeldung, dass die Übung sie traurig und wehmütig gemacht hätte. Und genauso ist es. Der Weg zum inneren Glück führt ebenso über die Traurigkeit. Darin liegt für mich auch die Bedeutung des Jesus-Worts »Niemand kommt zum Vater denn durch mich«. Jesus lehrte seine Schüler, dass man durch *alle* Gefühle hindurchmuss, um *auch* die Freude zu erfahren. Vor der Auferstehung ist die Kreuzigung, vor der Glückseligkeit ist das Leid. Ein neugeborenes Baby erfährt in den ersten Minuten seines Lebens keine Freude. Es muss zunächst durch seine Not hindurch, es muss schreien, bevor es lachen kann. So verhält es sich auch im weiteren Verlauf des Lebens. Wir müssen durch unsere Not hindurchgehen, bevor wir unser Glück erfahren können. Das Dilemma vieler spirituell Suchender ist, dass sie nur nach den angenehmen Gefühlen streben. Sobald sie Traurigkeit oder Wehmut spüren, befürchten sie, auf dem falschen Weg zu sein, und kehren um. Ein Kampfkünstler des Herzens strebt nicht danach, alle »Not-wendigkeiten« des Lebens zu vermeiden. Niemand kann die emotionalen Angriffe des Lebens verhindern. Wir haben keine Wahl, uns nur für die Annehmlichkeiten des Lebens entscheiden zu können. Ein Kämpfer hat kein Mitspracherecht bei der Auswahl seiner Gegner. Er muss denjenigen nehmen, der auf ihn zukommt.

Das gilt im übertragenen Sinne auch für den Tod als stärksten und gefährlichsten Gegner. Wir können keinen »Nichtangriffspakt« mit ihm schließen. Aber wir können lernen, den Tod nicht als eine totale Vernichtung unserer Existenz zu begreifen. Wenn wir erkannt haben, dass auch der Tod nichts anderes als ein Ausdruck der Schöpferkraft ist, können wir unsere Angst vor ihm überwinden. Der Tod kann seinen Schrecken nur bewahren, solange wir uns selbst als feste Wesen, als unveränderliche Persönlichkeiten betrachten. Ein Meister aber hat die wahre Natur seiner selbst erkannt: Er weiß, dass er kein festes Wesen, sondern ein fließender Prozess, dass er weder Schöpfer noch Geschöpf, sondern selbst die Schöpferkraft ist. Die wahre Natur seines Selbst ist zugleich die wahre Natur des Todes: immerwährende Verwandlung.

Der Fluss der Zeit ist unendlich tief, aber nicht allzu breit. Die beiden Ufer liegen in Sichtweite auseinander. Über dem Fluss liegt jedoch eine Nebelwand, die den Blick auf die andere Seite erschwert. Der Engländer Paul Meek hat die Gabe, durch den Nebel hindurchzuschauen. Ein Buch von ihm trägt den Titel *Der Himmel ist nur einen Schritt entfernt*. Manchmal ist der Nebel dichter, manchmal ist er feiner. Und dann können kleine oder große Wunder geschehen.

Christophs Mutter hatte ihrem kleinen Sohn oft gesagt, dass sie immer bei ihm wäre, auch dann, wenn er sie nicht sehen könnte. »Und nun ist es umgekehrt«, sagte sie mir. »Jetzt ist er weg, und ich kann ihn nicht mehr sehen.«

Sie hatte sich wenige Wochen nach Christophs Tod ein Diktaphon gekauft, um ihre Erinnerungen an die Zeit mit Christoph aufzuzeichnen und später aufzuschreiben. Wenn man das Gerät einschaltet, erscheint im Display normalerweise das Firmenlogo des Herstellers. Eines Abends, als sie wie so oft an Christoph dachte, schaltete sie es wieder ein. Diesmal aber erschienen im Display nicht die Erkennungszeichen der Firma, sondern zwei Worte: »See you.« (»Ich sehe dich.«) Da sie eine sehr rationale Frau ist, rief sie in der Hauptzentrale des Herstellers an und fragte einen Techniker der Produktionsabteilung. Dieser konnte sich das Phänomen nicht erklären. Beim Einschalten des Geräts müsse *immer* das Logo erscheinen, erklärte er ihr ...

Während eines Reiki-Seminars erzählte mir Daniela von ihrem Großvater. »Er war mein erster spiritueller Lehrer«, sagte sie. »Seine Einstellung zum Leben hat mich stark geprägt.« Als Kind verbrachte sie alljährlich die Sommerferien bei ihren Großeltern in Kroatien. Dort blieb sie die ganzen sechs Wochen und wich in dieser Zeit kaum von der Seite des Großvaters. Eines Tages, während eines ihrer Ferienaufenthalte, bekam die kleine Daniela mit, dass eine Nachbarin der Großeltern gestorben war.

»Wo gehen die Menschen hin, wenn sie gestorben sind?«, fragte sie den Großvater.

»Ich weiß es nicht«, sagte er. »Aber sobald ich es weiß, werde ich dir die Antwort geben.«

Der Großvater starb, als Daniela Anfang zwanzig war. Sie war zu dieser Zeit zu Hause in Duisburg. Sie hatte nicht mit dem Tod des Großvaters gerechnet und war sehr betrübt darüber, dass sie nicht an seiner Seite war, als es passierte. Auch an seiner Beerdigung konnte sie nicht teilnehmen. Deshalb verspürte sie nicht nur Traurigkeit, sondern auch Schuldgefühle. Nach ihrem Empfinden hatte sie den Opa zweimal im Stich gelassen.

Es vergingen acht Jahre, bevor Daniela das erste Mal nach dem Tod des Großvaters nach Kroatien fuhr. Den Entschluss dazu fasste sie spontan an einem Nachmittag. Ohne jemandem Bescheid zu sagen, fuhr sie mit ihrem Auto los. Ihre Ankunft am nächsten Vormittag war für die Familie eine große Überraschung. Es sei ein großer Zufall, dass sie gerade heute käme, sagte die Großmutter. Denn wenige Stunden zuvor sei ihr ein Schlüssel in die Hände gefallen, den sie nach dem Tod des Großvaters verzweifelt gesucht, aber nie gefunden hatte. Der Schlüssel gehörte zu dem Schreibtisch des Großvaters. Als sie an diesem Morgen die bis dahin verschlossene Schreibtischschublade öffnete, fand sie darin einen Brief des Großvaters, der an Daniela adressiert war. Niemand in der Familie hatte von der Existenz des Briefs gewusst.

»Heute habe ich den Brief gefunden, und wenige Stunden später stehst du vor der Tür«, sagte die Großmutter, als sie Daniela den Brief übergab. Daniela öffnete ihn und las die Worte:

> »Als du ein kleines Mädchen warst, hast du mich gefragt, wohin die Menschen gehen, nachdem sie gestorben sind. Ich habe dir damals versprochen, dir die Antwort zu geben, sobald ich sie weiß. Jetzt weiß ich es: Ich werde immer da sein, wo du gerade bist.«

Reflextraining: Wenn das Schicksal angreift

Sobald dich ein Geschehen bedrückt, richte deinen Blick auf das, was du tun kannst. Versuche, dich weniger mit dem Zustand als vielmehr mit dem Handeln zu beschäftigen. Frag dich: Was kann und will ich jetzt tun? Was ist mein Auftrag?

Am 24. Juli 2010 fand in meiner Heimatstadt Duisburg zum letzten Mal die Loveparade statt. Die fröhliche Feier junger Menschen verwandelte sich innerhalb weniger Minuten in einen Totentanz. Ein Jahr zuvor hatte der Polizeipräsident vor »eklatanten Sicherheitsmängeln« bei den Planungen für die Loveparade gewarnt. Der oberste Repräsentant der Duisburger Polizei stand mit seinen Warnungen nicht allein. Viele Sicherheitsfachleute hatten Bedenken hinsichtlich des Veranstaltungsplatzes und der dorthin führenden Zugangswege. Ein Experte formulierte es anschließend so: Das Sicherheitskonzept war so schlecht, dass man aus diesem Unfug noch nicht einmal etwas lernen könnte.

In diesem Zusammenhang meldete sich eine hierzulande bekannte ehemalige Nachrichtensprecherin zu Wort, die vor einigen Jahren wegen äußerst umstrittener Äußerungen zum Dritten Reich von ihrem Sender suspendiert worden war. Sie ließ wenige Stunden nach dem Unglück über die Medien verlauten, dass es sich bei der Loveparade nicht um eine fröhliche Feier, sondern vielmehr um eine Drogen-, Alkohol und Sexorgie gehandelt habe. Alle Teilnehmer seien freiwillig erschienen und somit für die Folgen selbst verantwortlich. Der letzte Satz ihrer Veröffentlichung lautet wörtlich: »Eventuell haben hier ja auch ganz andere Mächte mit eingegriffen, um dem schamlosen Treiben endlich ein Ende zu setzen.«[2]

Auch ein Salzburger Bischof der katholischen Kirche konnte es sich nicht verkneifen, darauf hinzuweisen, dass »Loveparades eine Art Aufstand gegen die Schöpfung und die Ordnung Gottes, Sünde und Einladung zur Sünde«

2 Vgl. www.focus.de/kultur/medien/sex-und-drogenorgie-loveparade-eva-herman-und-die-strafe-gottes_aid_534394.html.

seien. Der Kirchenfürst zog daraus den Schluss, dass diesmal offensichtlich der »richtende und strafende Gott« eingegriffen habe. Was hätte er wohl vor zweitausend Jahren gesagt, wenn er den Meister der Liebe mit seinem Gefolge gesehen hätte?

Einige Wochen nach der Loveparade sprach mich nach einem Meditationsworkshop im Saarland eine ältere Dame an. Sie erzählte mir, dass sie 22 Jahre zuvor ein ähnliches Schicksal wie die Angehörigen der Loveparade-Opfer erlitten habe. Am 28. August 1988 stießen bei einer militärischen Flugschau in Ramstein bei Kaiserslautern mehrere Maschinen in der Luft aneinander, eine stürzte vor den Zuschauern ab und schlitterte brennend in die Menschenmenge. Siebzig Menschen starben, und an die tausend wurden verletzt. Unter den Opfern sei auch ihr Sohn gewesen. Sein Körper sei von den Flammen erfasst worden, und man habe nicht mehr viel von ihm bergen können. Das Einzige, was heil geblieben sei, war ein Schlüssel zu seiner Wohnung. Die Polizei habe die Eltern zu der Adresse des Sohnes bestellt, und man habe dort gemeinsam geprüft, ob der Schlüssel passte. Als sie mit dem Schlüssel die Wohnungstür öffnen konnten, wussten sie, dass es sich bei dem Toten wirklich um den Sohn handelte.

»So ist die Identifizierung abgelaufen«, sagte die Frau. »Es hat uns den Boden unter den Füßen weggerissen. Damals gab es so etwas wie Notfallseelsorge und Angehörigenbetreuung noch nicht in dem Maße, wie das heute der Fall ist. Das haben wir dann selbst in die Hand genommen. Wir haben eine Selbsthilfegruppe gegründet und Psychologen und Seelsorger dazubestellt.«

Dann erzählte sie mir, dass sie zusammen mit anderen Leuten aus dieser Gruppe immer noch aktiv sei. Jedoch würden sie sich nicht mehr nur mit den Folgen des Unglücks von Ramstein auseinandersetzen, sondern sich hauptsächlich um Menschen kümmern, die ein vergleichbares Schicksal erlitten hätten. So stünde sie zurzeit auch mit Opfern und Angehörigen des Loveparade-Unglücks in Kontakt, denen sie mit ihren Erfahrungen und Möglichkeiten helfen würde.

Ich hörte ihr gespannt zu und schaute dabei in leuchtende Augen. Diese Frau sprach nicht leidend, sondern voller Lebensfreude. Das Leben hatte sie vor über zwanzig Jahren vor eine Situation gestellt, die sich niemand freiwillig aussuchen würde. Das Schicksal hatte sie angegriffen und umgeworfen. Es hatte ihr die Freude und den Lebensmut genommen. Doch die Frau, die gerade vor mir stand und von diesem schrecklichen Ereignis aus ihrer Vergangenheit erzählte, strahlte genau das aus: Freude und Lebensmut. Durch ihr eigenes Erleben war sie in der Lage, anderen Menschen glaubwürdig zu vermitteln, dass es nach Zeiten des Leids auch wieder Zeiten der Zuversicht geben kann. Sie war eine Botschafterin der Hoffnung geworden. Diesen Auftrag, den sie sich nicht selbst erwählt hatte, führte sie dennoch mit Hingabe aus. Es hatte einen Moment in ihrem Leben gegeben, in dem sie morgens nicht mehr mit dem Gedanken aufgestanden war »Ich muss«, sondern mit dem Gedanken »Ich will.« In diesem Augenblick hatte sich die Energierichtung umgekehrt: Die Angriffskraft des Schicksals war zu ihrer Kraft geworden.

»Lebenssinn ist immer die persönliche Entwicklung, Lebensaufgabe, damit verbunden, der Dienst am Nächsten«, sagten mir meine geistigen Lehrer. Und dies ist meine tiefe Überzeugung geworden. Jedes Talent, über das wir verfügen, ist zugleich ein Auftrag des Lebens an uns, es mit anderen zu teilen. Wir alle sind mit einem Rucksack voller Geschenke in dieses Leben gekommen. Diese Geschenke gilt es auszupacken und zu benutzen. Wir müssen unsere Fähigkeiten und Talente gebrauchen, um ein erfülltes Leben zu führen. Viele kehren bildlich gesprochen nach ihrem Tod mit einem prall gefüllten Rucksack in die geistige Welt zurück. »Was hast du mit all den Geschenken gemacht?«, lautet die Frage des Empfangskomitees da oben.

»Nun ja, ich bin irgendwie nicht wirklich dazu gekommen, sie auszupacken …«, wird es da sicher manchmal lauten. (Wer weiß, vielleicht liegt darin der Grund für die Reinkarnation, dass wir so lange wiedergeboren werden, bis wir uns getraut haben, alle Geschenke auszupacken?)

Eine Teilnehmerin meiner Seminare rief mich vor Kurzem an und teilte mir voller Freude mit, dass sie nun ein neues Projekt in Angriff genommen hätte. Sie leite Tanzkurse mit krebskranken Frauen. »Ich hatte selbst diese Krankheit und weiß, wie die Frauen fühlen«, sagte sie. »Das Tanzen hat mir damals geholfen, meine Krankheit emotional zu verarbeiten. Das möchte ich nun anderen vermitteln.«

Ihr Talent zu tanzen war eines der Geschenke in ihrem Rucksack. Sie hatte es ausgepackt und für sich genutzt. Nun war für sie die Zeit gekommen, den Auftrag zu erfüllen, der mit dem Geschenk verbunden war.

»Wenn erst …, dann …«, lautet oftmals die Begründung

für ein Unterlassen. Wenn erst die Kinder aus dem Haus sind, wenn erst die Rente da ist und so weiter. Meine Botschaft lautet: Wenn du es wirklich willst, dann tu *jetzt* etwas dafür. Auch wenn du deinen Traum jetzt noch nicht zur Gänze leben kannst, irgendwas aber kannst du jetzt bereits dafür tun.

»Unsere Träume können wir erst dann verwirklichen, wenn wir uns dazu entschließen, einmal daraus zu erwachen«, sagte Josephine Baker. Ich habe viele erlebt, die aus ihren Träumen nie erwacht sind. Grob ausgedrückt: Sie sind nicht aus dem Quark gekommen, sondern haben sich mit den Bildern in ihren Köpfen zufriedengegeben, statt ins Tun zu kommen. In der Mitte meines Ausbildungsjahres für Meditations- und Reiki-Lehrer zum Beispiel erhalten alle von mir die Hausaufgabe, eine eigene Meditationsgruppe zu gründen und mit ihrer Arbeit anzufangen. Einen Monat später, bei dem nächsten Lehrertreffen, frage ich dann ab, wer die Hausaufgabe erfüllt hat und wer nicht. Von denen, die sie nicht erfüllt haben, höre ich dann die genannten Worte: »Wenn erst …, dann …«: »Ich habe noch keinen geeigneten Seminarraum gefunden«, sagen zum Beispiel einige.

»Wenn du es wirklich willst, dann mach es von mir aus draußen im Zelt«, antworte ich in einem solchen Fall. »Du wirst sehen, der Seminarraum kommt dann von allein. Gott ist mit den Tüchtigen.« Diese Maxime gilt auch hier.

Die göttliche Kraft ist mit denen, die es mit ihrer Absicht ernst meinen und ihre Ernsthaftigkeit dadurch beweisen, dass sie etwas tun, was eigentlich noch gar nicht zu gehen scheint.

Vor einigen Wochen sagte mir jemand: »Ich habe keine Aufgabe in meinem Leben.«

»Wenn du keine Aufgabe hättest, wärest du nicht hier«, entgegnete ich. »Sieh dich um, in dir und außerhalb von dir. Was bewegt dich, was berührt dich? Schau auf die Situationen deines Lebens und frag dich: Was möchte ich verändern?«

Jeder Mensch trägt eine Sehnsucht in sich, die hervorgebracht werden will. Und irgendwann in unserem Leben erhalten wir die Gelegenheit dazu. Manchmal zeigt sich die Gelegenheit durch ein Leid, das wir selbst erfahren, oder dadurch, dass wir Zeuge des Leids eines anderen werden. Unser Mitgefühl öffnet das Tor zum Herzen, sodass die Sehnsucht sich entfalten kann. Das setzt natürlich voraus, dass wir das Mitgefühl in uns auch zulassen. Oftmals jedoch neigen wir dazu, die Augen zu verschließen. Immer noch verhungern jeden Tag auf dieser Welt 24 000 Menschen. 18 000 von ihnen sind Kinder unter fünf Jahren. Wir hingegen leben in einem »Land der Verheißung«, wie es den Israeliten im Alten Testament versprochen wurde: einem Land, in dem Milch und Honig fließen. Viele von uns spenden Gelder, und vermutlich würden die meisten gern mehr gegen den Hunger in der Welt tun, wenn sie nur wüssten, was. Da wir als Einzelpersonen keinen Einfluss auf die globale Verteilung wirtschaftlicher Ressourcen zu haben scheinen, handeln viele, als könne man dem Gefühl der Ohnmacht gegenüber diesem Thema nur durch Wegschauen entkommen. Doch auch in unserer Wohlstandsgesellschaft herrscht kein Mangel an Anlässen für ein Engagement der Nächstenliebe. Wir müssen nur die Augen öffnen und uns umschauen.

»Die Zeit ist knapp und die Arbeit ungeheuer«, gaben mir meine geistigen Lehrer mit auf den Weg. Nun kann niemand die Welt allein retten. Jeder von uns muss seine Bestimmung finden. Den Weg dorthin weisen unsere Fähigkeiten und Talente.

In meinen Gruppen befinden sich einige Menschen, die sich für das Wohl der Tiere einsetzen. Auch meine Frau Karina kümmert sich leidenschaftlich um Katzen. »Erst die Tiere«, so lautet ein immer wiederkehrender Satz, wenn es bei uns zu Hause um die Reihenfolge der Fütterung geht: erst die Vierbeiner, dann Peter.

Manche haben aufgrund ihrer Tierliebe Konsequenzen gezogen und ernähren sich vegetarisch oder gar vegan. Jemand brachte regelmäßig zu den Meditationsabenden Werbeprospekte für vegane Ernährung mit und verteilte sie an die anderen Teilnehmer. Die Flyer thematisierten ausnahmslos die Zustände der Massentierhaltung im Besonderen und die schlimmen Folgen des Fleischkonsums im Allgemeinen. Jeden Monat wurden wir mit schrecklichen Bildern aus Schlachthöfen und Käfigbatterien konfrontiert. Die Bilder wirkten so abschreckend, dass man gleich von dem ganzen Thema abgeschreckt wurde. Niemand verspürte mehr den Drang, sich damit zu beschäftigen.

Ein besseres Konzept wäre es meines Erachtens gewesen, leckere Rezepte der veganen Küche zu verteilen und auf diese Weise zu zeigen, dass man sich auch anders als mit Fleisch aus Massentierhaltung ernähren kann. Der Erfolg unserer Aktionen hängt auch von der Energierichtung ab. Die Kämpfe des Herzens sollten immer *für*, niemals *gegen* ein Thema beziehungsweise einen Zustand geführt werden.

So, wie es bei dem oben beschriebenen Tanzprojekt der Fall ist: Sie tanzen für die Freude und das Wohlbefinden, nicht gegen den Krebs. Ihre Achtsamkeit ist auf Tun und nicht auf die Krankheit gerichtet.

Kämpfe »gegen« etwas zielen oft auch auf die Schuldigen. Ein Dilemma ist, dass durch Kämpfe gegen Schuld oftmals weitere Schuld entsteht. Viele Fehden zwischen ethnischen beziehungsweise religiösen Gruppen haben seit Jahrzehnten, manche sogar seit Jahrhunderten Bestand. Zumeist kann niemand mehr den genauen Zeitpunkt benennen, wann der Streit begonnen hat, geschweige denn, aus welchen Gründen. Erst wenn sich die Menschen ein Herz nehmen und beschließen, nicht mehr nach hinten, sondern nur noch nach vorn zu schauen, wird Frieden möglich. Das gilt für das Kollektiv ebenso wie für die persönlichen Bereiche. Wir sollten uns weniger mit der Schuld als vielmehr mit der Verantwortung beschäftigen. Die Schuld blickt nach hinten in die Vergangenheit, die Verantwortung schaut nach vorn in die Zukunft.

Das Leben stellt uns immer wieder Fragen, die wir beantworten müssen. Wir müssen Entscheidungen treffen, die unsere Gegenwart und demzufolge auch unsere Zukunft betreffen. Mit unseren Antworten übernehmen wir die Verantwortung. Wie gesagt sind wir zum Beispiel nicht schuld an den Kriegen in der Welt, die ihre Ursache in der Vergangenheit haben, aber ganz sicher können wir unsere Schöpferkraft aktivieren und mit unseren Entscheidungen im Hier und Jetzt Antworten geben, die dazu beitragen, weitere Kriege zu verhindern. Auch in unserem privaten Umfeld verlängert die Beschäftigung mit der Schuld lediglich den Krieg.

Wenn dich ein Geschehen niederdrückt, beschäftige dich nicht ausschließlich mit dem Zustand, sondern vor allem auch mit dem Tun, lautet die Botschaft dieses Kapitels. Mir ist sehr bewusst, dass dies oft leichter gesagt ist als getan. Doch es ist meine tiefe Überzeugung, dass es der einzige Weg zur Heilung ist. Dass wir nach schlimmen Ereignissen in unserem Leben, die uns umgeworfen haben, nicht sofort aufstehen und handeln können, versteht sich von selbst. Wir müssen auch unserer Trauer Zeit und Raum geben, wir dürfen eine Zeitlang liegen bleiben. Sobald wir jedoch wieder ein wenig Freude an unserem Leben empfinden, sollten wir auch ihr wieder Zeit und Raum zur Entfaltung geben.

Resümee des dritten Kapitels

Triff mehr »Liebes-« als »Angstentscheidungen«. Richte bei deinen Entscheidungen den Fokus mehr auf das, was du erschaffen willst, und weniger auf das, was du zu verhindern trachtest. Komm in deine Schöpferkraft.

Investiere deine Energie in deine Träume, nicht in deine Wünsche. Mit deinen Träumen erschaffst du Fülle, mit deinen Wünschen verstärkst du den Mangel.

Beharre nicht auf deinen Standpunkten und Meinungen, das Leben ist Bewegung und Veränderung. Aber sei beständig in dem, was du tust. Steig nicht aus, wenn das Wunder noch bevorsteht.

Achte auf die letzten Momente, sie sind es, die dich die Tiefe des Lebens erfahren lassen. Die Erkenntnis der Endlichkeit und Verletzbarkeit weisen dir den Weg in die Bewusstheit, dass das Leben ewig und unzerstörbar ist.

Kapitel 4

Spiritualität

»Eines Tages, nachdem wir Wind, Wellen, Gezeiten und Gravitation gemeistert haben, werden wir uns die Energien der Liebe nutzbar machen, und dann, zum zweiten Mal in seiner Geschichte, wird der Mensch das Feuer entdecken.«

Pierre Teilhard de Chardin

Was, bitte schön, ist denn Reiki?

Seit etlichen Jahren reise ich durch die Lande und halte Vorträge über Meditation und Reiki. Nach einem Vortrag kam ein Zuhörer zu mir und sagte: »Ich habe Ihr Buch gelesen.«

»Ach, Sie waren das«, antwortete ich.

»Ja, und ich habe es nicht nur gelesen, sondern auch ausprobiert. Sie haben geschrieben, dass jeder Mensch in der Lage sei, mit seinen Händen zu heilen.«

»So ist es«, sagte ich.

»Und Sie haben recht! Nach der Lektüre des Buches habe ich es bei einem Freund ausprobiert, der unter permanenten

Kopfschmerzen litt. Ich legte meine Hände auf seine Stirn und stellte mir vor, dass eine heilende Energie aus meinen Händen fließt. Nach wenigen Minuten waren die Kopfschmerzen meines Freundes gelindert. Seitdem hat er mich mehrfach gebeten, ihm die Hände aufzulegen. Mittlerweile ist er die meiste Zeit schmerzfrei. Der permanente Druck in seinem Kopf ist verschwunden. Dadurch ermutigt, habe ich es auch bei anderen Menschen probiert, und immer hat es gewirkt.«

»Das freut mich sehr«, sagte ich.

»Dabei habe ich mich nie zuvor mit spirituellen Themen beschäftigt, und wenn ich ehrlich bin, habe ich auch nicht an solche Dinge geglaubt. Also, wenn ich es kann, kann es jeder, richtig?«

»Richtig«, stimmte ich zu. »Sogar ich kann es.«

»Wie sieht es mit dem Glauben aus? Muss man dafür an Gott glauben?«

»Wenn jeder Mensch es kann, spielt es keine Rolle, woran er glaubt. Auch ein Atheist kann mit seinen Händen heilen. Die Frage ist nur, ob er es ausprobieren würde«, sagte ich.

»Eine Freundin, die Reiki praktiziert, erzählte mir etwas von Symbolen, die man kennen und bei Behandlungen anwenden müsste.«

»Zu allen Zeiten haben Menschen das Handauflegen praktiziert. Jede Kultur besaß eigene Glaubensvorstellungen und Symbole. Somit funktioniert es mit allen Glaubensvorstellungen und allen Symbolen. Letztendlich ist jeder Mensch ein Ausdruck des Göttlichen und damit ein Symbol. Durch uns hat das Göttliche ein Zeichen gesetzt.«

»Man braucht also keine besondere Einweihung, um mit den Händen heilen zu können?«

»Nein. Es ist eine natürliche Fähigkeit des Menschen.«

»Es gibt auch keine Regeln, die man beachten müsste, zum Beispiel eine bestimmte Reihenfolge der Handpositionen?«

»Vertrauen Sie Ihrer Intuition, und gut ist«, antwortete ich.

»Keine sonstigen Geheimnisse, die man wissen müsste?«

»Nein. Außer dem Geheimnis, dass jeder Mensch mit seinen Händen heilen kann, muss man nichts wissen. Es reicht das Bewusstsein aus, dass man es kann.«

»Lassen Sie mich einmal zusammenfassen ...«, sagte er.

»Gern.« Mittlerweile staunte ich über die Hartnäckigkeit meines Gesprächspartners. Vielleicht ist er ja auch Polizist, dachte ich. Zumindest hat er das Zeug zu einem Vernehmungsbeamten.

»Jeder kann es ohne Einweihung, ohne Glauben, ohne Symbole und ohne Regeln, richtig?«

»Richtig«, bestätigte ich noch einmal.

»Eine Frage hätte ich dann noch«, sagte er.

»Nur zu.«

»Was, bitte schön, ist dann Reiki?«

»Kampfkunst«, sagte ich. »Reiki ist Kampfkunst!«

Die Technik des Reiki ist das Handauflegen. Dabei lenkt der Übende die Energie mit seinen Händen in die gebende Richtung. Legt er die Hände auf seinen Körper, ändert sich die Energierichtung in ihm selbst, legt er die Hände auf den Körper eines anderen, setzt die Umkehr auch in diesem ein.

Auf solche Weise kommt es zur Heilung sowohl beim Empfänger als auch beim Reiki-Gebenden selbst. Kranke Zellen, die bislang gegen den Körper gewirkt haben, erneuern sich und wirken nun für ihn in der aufbauenden, gebenden Richtung. Viele Krankheiten beruhen auch auf einer Autoaggression von Körperzellen. Dabei sorgen die Zellen nicht für den Erhalt des Körpers, sondern zerstören ihn. Gelingt es, diesen Prozess umzukehren, setzt Heilung ein. Ärzte und Heiler versuchen, diesen Umkehrungsprozess in einem kranken Körper in Gang zu setzen. Sie sind in diesem Sinne Kampfkünstler. Denn auch Krankheiten sind Angriffe auf das Leben.

In vielen Kampfkunstarten zeigt die Farbe des Gürtels die Graduierung des Praktizierenden an. Je nach Disziplin und Dan trägt der Übende einen weißen, farbigen oder schwarzen Gürtel. Beim Reiki gibt es weder eine Kleiderordnung noch Gürtel, dennoch aber Grade. Die drei Reiki-Grade sind nicht hierarchisch aufgebaut, sondern stehen gleichberechtigt nebeneinander. Sie sind keine Stufen auf einer spirituellen Karriereleiter, sondern Stationen, die im Laufe des Lebens immer wieder passiert werden.

An den Stationen des ersten Grades begegne ich Gefühlen der Unzulänglichkeit, an den Stationen des zweiten Grades begegne ich Schuldgefühlen und Verletzungen, an den Stationen des dritten Grades begegne ich Gefühlen der Hilflosigkeit und Fremdbestimmung. An jeder Station werde ich herausgefordert, die konfrontierende Richtung der Lebensenergie in die gebende Richtung umzukehren. Der Reiki-Weg schließt niemals ab. Kein Reiki-Meister spürt jetzt und für alle Zeit nur Vertrauen, Vergebung und Meisterschaft in sich. Wie jede andere Kampfkunst erfordert auch das Reiki regelmäßige Übung. An Trainingsmöglichkeiten herrscht kein Mangel. Das Leben sorgt bei seinen Angriffen beständig für Nachschub.

Die Technik des Handauflegens war für mich immer nebensächlich. Wichtiger für mich war, dass ich auf dem Weg des Reiki zu mir selbst gefunden habe. Wie ich schon angedeutet habe, war mein Leben Mitte der neunziger Jahre aus den Fugen geraten. Im Außen war alles in Ordnung, ich war gesund, lebte mit der Frau zusammen, die ich liebte, und übte den Beruf aus, den ich mir als Kind erträumt hatte. Dennoch war ich nicht glücklich. Ich hatte den Kontakt zu mir selbst verloren. Ich ging unachtsam mit mir und meiner Umwelt um, war mehr zynisch als humorvoll und trank zu viel Alkohol. Dies wurde mir 1997 zum Verhängnis, als ich aufgrund einer Trunkenheitsfahrt meinen Führerschein verlor. Drei Streifenwagen hatten nachts die Verfolgung aufgenommen. Zunächst erfolglos. Erst der vierten Besatzung gelang es, mich zu stoppen. Nicht, dass ich darauf stolz gewesen wäre. Dennoch gebe ich gern zu, dass ich als Angehöriger einer Spezialeinheit der Polizei besser Auto fahren konnte. Ach ja, bevor ich es vergesse: Arrogant war ich damals auch … In den Monaten nach dieser dummen Aktion nutzten mir meine Fahrkünste jedoch nichts. Der Lappen war weg, und ich war als Fußgänger unterwegs. Dafür aber nahm meine spirituelle Entwicklung Fahrt auf.

Lebenskrisen bieten oftmals die Chance zur inneren Weiterentwicklung. Solange alles glattläuft, beginnt man nicht zu suchen. Erst in schweren Zeiten macht man sich auf die

Socken. Man will seine innere Stabilität wiederfinden, die man in der momentanen Lebenssituation verloren hat. Wenn das alte Leben nicht mehr funktioniert, wird man offener für Neues. Dabei öffnet man sich manchmal auch für Inhalte, die man zuvor nicht beachtet oder sogar für Unsinn gehalten hat. Wäre ich damals nicht von meinem inneren Thron gestürzt, hätte ich die Worte einer Kollegin nicht ernst genommen. Sie war »spirituell unterwegs« und damit innerhalb der Polizei eine Außenseiterin. Salopp gesagt: Esoterisches Interesse ist keine Grundvoraussetzung für die Einstellung in dieser Behörde.

Die Kollegin erzählte mir von einer medial begabten Frau, die mit der geistigen Welt eng verbunden sei und die Botschaften einer Wesenheit namens »Vikarosch« empfange und weitergebe. Diese Wesenheit sei ein Kollektiv von geistigen Lehrern in der jenseitigen Welt. Ich ermittelte die Telefonnummer der medialen Frau, rief dort an und machte einen Termin klar. Ich ahnte nicht, dass sich durch diesen Anruf mein Leben fundamental verändern würde. Das Medium hieß Christa Püttmann. Sie arbeitete als spirituelle Lehrerin zunächst in Langenfeld bei Düsseldorf, später heiratete sie und zog als Christa Klettner nach Limbach in den Westerwald. Dort lebte und wirkte sie zusammen mit ihrem Ehemann Ulrich bis zu ihrem Tod.

Mein erster Besuch bei ihr war der Beginn einer spirituellen Ausbildung durch die geistige Welt, die bis heute andauert. Die Botschaften, die »Vikarosch« über Christa an mich weitergab, waren höchstpersönlich und zutiefst berührend. Schon bald bekam ich selbst den Draht nach oben. Ich hörte die Worte meiner geistigen Lehrer unmittelbar. Später kam das Gefühl der Verbindung dazu. Heute weiß ich, dass auch meine Seele ein Anteil der Wesenheit »Vikarosch« ist.

Ein halbes Jahr nach dem ersten Kontakt mit meinen geistigen Lehrern meldete ich mich bei Christa zu einem Reiki-Seminar an. Zwar wusste ich nicht, was mich bei diesem Seminar erwarten würde, aber ich hatte das Gefühl, dass es mich weiterbringen könnte. Im Grunde ging es mir nicht um das Reiki selbst, vielmehr wollte ich alles von dieser medialen Frau lernen, was ich lernen konnte.

Nun fuhr ich das erste Mal zu ihrem neuen Wohnort in den Westerwald. Oder besser gesagt: Ich wurde gefahren, da mein Führerschein auf dem Schreibtisch eines Sachbearbeiters des Straßenverkehrsamtes Duisburg lag. Ein Bekannter meiner Frau stellte sich als Chauffeur zur Verfügung. Während der Fahrt fragte er mich, was ich denn im Westerwald zu tun hätte. In einem Buch hatte ich gelesen, dass Reiki »Heilen durch Handauflegen« wäre, aber eine solche Erklärung hätte mir zu diesem Zeitpunkt die Schamesröte ins Gesicht getrieben. Schließlich war ich in den Augen meines Kutschers immer noch ein Spezialagent der Polizei. Keinesfalls wollte ich diesen Eindruck durch ein esoterisches Coming-out verwässern. So zog ich es vor, ihm gar nichts von einem spirituellen Seminar zu erzählen, sondern sagte ihm, dass wir auf dem Weg zu einem Klassentreffen meiner ehemaligen Schule seien. »Abi 1981, wir treffen uns alle zwei Jahre«, erklärte ich. Mit diesem Statement war er einverstanden.

Plötzlich fiel mir ein, dass meine Erklärung vielleicht nicht die glücklichste gewesen sein könnte, da ich das neue Haus von Christa, in dem das Seminar stattfinden sollte, noch nie gesehen hatte. Was wäre nun, dachte ich, wenn dort orange gekleidete Glatzköpfe herumliefen und lautstark »Hare Krishna« sängen? Dann könnte ich die Frage »Auf welcher Schule warst du denn ...?« nur zögerlich beantworten. Als wir den Ort erreicht hatten, versuchte ich meinen Fahrer zu überreden, mich ein paar hundert Meter vor dem Haus aussteigen zu lassen.

»Warum denn das?«, fragte er.

»Wenn du an dieser Stelle umkehrst, kommst du schneller wieder zur Autobahn«, sagte ich. Diese Begründung zog bei ihm nicht, weshalb er mich in Sichtweite des Seminarhauses absetzte. Meine Befürchtung war unbegründet: Vor dem Haus war niemand zu sehen. Auch drinnen waren die Personen, obwohl allesamt spirituell interessiert, äußerlich nicht von Menschen mit weltlichen Interessen zu unterscheiden. Heute kann ich über meine Vorurteile von damals nur lachen. Ich weiß, dass wahre Spiritualität keine Abkehr vom Weltlichen bedeutet. Vielmehr ist das Gegenteil der Fall.

Mit mir nahmen sechs Menschen an dem Reiki-Seminar des ersten Grades bei Christa teil. Zu Beginn legte sie eine CD mit einer schnellen Musik von Billy Joel ein und forderte uns zur Bewegung auf: »Macht euch mal locker und tanzt durch den Raum.« Daraufhin begannen alle Seminarteilnehmer, mit der Leichtigkeit einer Feder durch den Raum zu schweben. Besser gesagt: alle außer einem. Auch wenn ich es gewollt hätte, hätte ich es nicht gekonnt. Wie angewurzelt blieb ich an meinem Platz stehen und hoffte, dass sich der Boden unter mir öffnen würde, damit ich – im wahrsten Sinne des Wortes – auf der Stelle und auf Nimmerwiedersehen von hier verschwinden könnte.

Gott sei Dank erfüllte sich dieser Wunsch nicht. Diese drei Minuten, in denen die Musik lief und die mir wie Stunden vorkamen, bedeuteten einen innerlichen Wendepunkt in meinem Leben. Bis zu diesem Zeitpunkt hatte ich mich für einen der selbstsichersten Menschen auf diesem Planeten gehalten. Inmitten der tanzenden Menschen um mich herum fragte ich mich, wie weit es denn mit meinem Selbstbewusstsein her sei, wenn ich nicht in der Lage bin, mit fremden Menschen in einem Raum zu einer Musik zu tanzen, die mir sogar gefiel.

Dann fasste ich drei Entschlüsse. Erstens: »Ich lasse mich an diesen zwei Tagen auf alles ein, was ich hier erfahren werde!« Zweitens: »Da mich von den Teilnehmern niemand kennt, brauche und werde ich hier nicht den harten Bullen spielen!« Drittens: »Ich werde nach diesem Seminar niemals mehr wiederkommen!« Die Entschlüsse Nummer eins und zwei habe ich wahr gemacht, den dritten nicht. Ich bin wiedergekommen.

Die Reiki-Seminare bei Christa waren für mich eine Schule, in der ich lernen konnte, ich selbst zu sein. Ich traute mich immer mehr, meine Masken abzulegen und anderen Menschen mein wahres Gesicht zu zeigen. Ich verstand, dass mein Selbstwertgefühl nicht davon abhängen darf, was andere über mich denken oder von mir halten. Ich begriff auch, dass es kein Ausdruck von Schwäche ist, Gefühle zu zeigen. Christa wollte uns nicht zu *besseren* Menschen machen oder uns eine *bessere* Wahrheit vermitteln. Sie verordnete keinen neuen Lebensstil. Bei ihr stand der Mensch im Mittelpunkt und nicht die Lehre. Dabei legte sie Wert auf Bodenständigkeit. Abgehobenes Getue war ihre Sache nicht.

»Was nutzt es dir am Montag auf der Arbeit?« Diese Frage stellte sie regelmäßig, wenn einer ihrer Schüler sich über spirituelle Themen ausließ und dabei nicht zu erkennen war, welchen praktischen Nutzen man aus diesem Wissen ziehen könnte. Was helfen Kenntnisse beispielsweise über Reinkarnation, Engelshierarchien oder aufgestiegene Meister im Beruf oder in der Partnerschaft? Spirituelle Theorien ohne Gebrauchsanweisung sind für das alltägliche Leben wertlos. Die Anhäufung von esoterischem Wissen ist kein Zeichen für spirituelles Wachstum. Der spirituelle Weg führt in die Gefühle. Je mehr theoretisches Zeug ich dabei mit mir herumschleppe, desto langsamer komme ich voran.

»Selig sind die Armen im Geiste«, sagte der Meister der Liebe zu diesem Thema. Meine geistigen Lehrer rieten mir: »Sei leer, gelöst und sei natürlich. Lass das zum Grundprinzip deines Lebens werden. Wenn du mit dir und deinem Leben glücklich werden will, musst du bereit sein, so tief wie möglich in die Gefühle einzutauchen. Auf diese Weise erlebst du sowohl die Freude als auch den Schmerz. Das eine kann es ohne das andere nicht geben.«

Manche suchen in der Spiritualität einen Ausweg für ihre Probleme. Sie glauben, dass sich mit dem spirituellen Fortschritt sämtliche Schwierigkeiten ihres Lebens auflösen würden. Dabei ist es eher umgekehrt. Je mehr ein Mensch ja zu sich selbst sagt, desto öfter muss er nein zu anderen sagen.

Nachdem ich an den Seminaren zum zweiten und dritten Grad teilgenommen hatte, absolvierte ich die Ausbildung zum Meditations- und Reiki-Lehrer und entwickelte meine eigenen Seminarkonzepte. Dabei orientierte ich mich ausschließlich an den Erfahrungen, die ich in meinem Inneren gemacht hatte. Ich habe mich gefragt: Was ist jeweils in den Tagen, Wochen und Monaten nach den Seminaren in mir passiert? Welche Prozesse sind durch die Übungen in Gang gesetzt worden? Ich erkannte:

- Im ersten Grad habe ich mich selbst gefunden.
- Im zweiten Grad habe ich meine Freiheit gefunden.
- Im dritten Grad habe ich meine Wahrheit gefunden.

Mir war egal, welche Inhalte zum Thema »Reiki« andere vermittelten. Ich konnte und wollte nur das weitergeben, was Reiki *für mich* ist. Ich hatte eine eigene Botschaft und spürte den Drang, sie an andere weiterzugeben. Mir war bewusst, dass sich meine Auffassung von Reiki von der traditionellen Richtung unterscheidet. Tradition darf jedoch nicht mit Stillstand gleichgesetzt werden. Auch diejenigen, die Wert darauf legen, so nah wie möglich an der ursprünglichen Lehre zu sein, sind in Wahrheit meilenweit von dieser entfernt.

Im Lauf der Zeit wurde die Reiki-Lehre, die zunächst in Japan im kleinen Kreis vom Lehrer an den Schüler weitergegeben wurde, weltweit verbreitet und dabei ständig weiterentwickelt. Letztendlich hat auch ein Japaner namens Mikao Usui, der als Begründer des Reiki gilt, etwas für sich neu entdeckt, was es schon lange vor ihm gab. Zu allen Zeiten und in allen Kulturen waren sich Menschen darüber bewusst, dass sie mit ihren Händen nicht nur Körper, sondern auch Seelen berühren konnten. Herr Usui hat ebenfalls nichts anderes getan, als eine alte Tradition auf seine Weise weiterzuentwickeln. Er nannte seine Botschaft nach der Kraft, die seit Anbeginn des Universums existiert, »Reiki« (universelle Lebensenergie).

Das Wesen des Lebendigen sind Bewegung und Veränderung. So kann eine Lehre, die nach dem Leben benannt ist, nicht für sich in Anspruch nehmen, niemals verändert zu werden. Daher lade ich die Anhänger der Reiki-Tradition bei meinen Vorträgen und Seminaren immer wieder ein, meine Sichtweise nicht als Gegenentwurf, sondern als Erweiterung ihrer Lehre zu betrachten: Reiki ist *auch* Kampfkunst.

Emotionale Stabilität und spirituelle Bodenständigkeit

Mein Onkel war lebenslustig und spontan, er pflegte jedoch auch ein enges Verhältnis zum Alkohol. Er war von Beruf Kraftfahrzeugmechaniker und bei der Duisburger Verkehrsgesellschaft beschäftigt. Seine Karriere im öffentlichen Personennahverkehr erlitt einen Dämpfer, als er eines Nachts nach einer Kneipentour einen Linienbus aus dem Depot holte und eine Spritztour durch die Stadt unternahm. Sein Leben lang interessierte es ihn nicht, was andere Leute von ihm dachten. Bis zuletzt zog er konsequent sein Ding durch. Sein Leben nahm eine dramatische Wendung, als er aus Trauer um seine verstorbene Lebensgefährtin einen Selbstmordversuch unternahm und aus dem Fenster sprang. Er überlebte zwar, verlor aber beide Beine. Acht Monate später starb er an den Folgen.

So wie mein Onkel zerbrechen viele nicht *in* den tragischen Situationen ihres Lebens, sondern vielmehr an deren emotionalen und seelischen Auswirkungen. Innere Stabilität erlangen wir nur durch eine Auseinandersetzung mit unseren Gefühlen. Dies bringt uns jedoch niemand bei. Ein Fach »Gefühle« gibt es in unseren Schulen ebenso wenig wie die Fächer »Selbstvertrauen« oder »Lebensfreude«. Emotionale Verletzungen sind auch der Hauptgrund für Gewaltstraftaten. Die meisten Tötungen in unserer Gesellschaft sind Beziehungstaten. Täter und Opfer sind zumeist enge Familienangehörige. Während der letzten Wochen, in denen ich an diesem Buch arbeite, sind in Deutschland mehr als zehn Kinder entweder von dem Vater oder der Mutter ermordet worden. In vielen Fällen bringt sich der Täter anschließend selbst um, »erweiterter Suizid«, wie es in der Fachsprache heißt. All diese Taten beruhen auf schwerster emotionaler Überforderung. Manchmal kommt der Vater und Ehemann nicht über die Trennung von der Ehefrau und den Kindern hinweg. »Wenn ich die Kinder nicht haben kann, sollst du sie auch nicht haben«, lautet der krude Gedankengang. Manche Frauen töten ihre Kinder nach der Geburt, weil sie sich nicht zutrauen, eine gute Mutter zu sein. Die emotionale Überforderung ist der Boden, auf dem solche Gedanken wachsen.

Wir werden von Kindesbeinen darauf gedrillt, Probleme mit dem Verstand zu lösen. Dessen Waffen sind Gedanken. Was Emotionen betrifft, ist er jedoch inkompetent. Gedankliche Herausforderungen kann er meistern, die emotionalen Angriffe jedoch nicht. Gedanken haben keine Macht über die Gefühle, vielmehr ist es umgekehrt! Daher halte ich nur wenig von Techniken, die ausschließlich bei den Gedanken ansetzen.

Ab und an werde ich von Freunden des sogenannten »Murphy-Kreises«, die sich dem positiven Denken verschrieben haben, zu einem Vortrag eingeladen. Am Ende meiner Vorträge mache ich immer eine Meditation. Dazu bitte ich die Leute, die Augen zu schließen und sich auf die Übung einzulassen. Die Quote derjenigen, die es dann tun, ist bei meinen Vorträgen generell hoch. Über neunzig Prozent der Zuhörer schließen ihre Augen und richten ihre Achtsamkeit nach innen. Sogar Menschen, die nur wenig oder gar nichts mit spirituellen Themen am Hut haben und von ihren Angehörigen (meistens Frauen …) zu der Veranstaltung förmlich geschleppt werden, machen die Abschlussübung mit. Anders jedoch bei den Freunden des positiven Denkens à la Murphy. In diesen Kreisen liegt die Quote derjenigen, die sich einlassen, knapp über fünfzig Prozent. Fast die Hälfte der Anwesenden schaut mir mit offenen Augen bei der Anleitung der Übung zu. Sie möchten die Kontrolle behalten. Da nur der Verstand Kontrolle ausüben kann, müssen sie mit ihrer Achtsamkeit dort bleiben. Schließlich müssen sie auf der Hut vor »negativen« Gedanken sein. Durch ihr jahrelanges Training haben sie in ihrem Kopf eine Art Gedankenpolizei installiert, die rund um die Uhr nach schlechten Gedanken fahndet. Die ständige Kontrolle blockiert das Vertrauen und somit auch das Vertrauen, während eines Vortrags die Augen zu schließen und sich auf eine noch unbekannte Übung einzulassen. Mit ihren »positiven Gedanken« versuchen sie, vermeintlich negative Gefühle zu vermeiden. Mit dieser Strategie vermeidet man jedoch die Gefühle generell, sowohl die angenehmen als auch die unangenehmen. Entweder gestatte ich mir zu fühlen, oder ich gestatte es mir nicht. Ganz oder gar nicht lautet diesbezüglich die Devise. Kopflastige Menschen blockieren ihre Lebensfreude, ganz gleich, ob die Kopflastigkeit auf positive oder auf negative Gedanken ausgerichtet ist. Ein Mensch, der vertraut, traut sich auch, vom Kopf in das Herz zu fallen. Erst dort wird es richtig lebendig.

In diesem Zusammenhang denke ich oft an eine kurze Begegnung mit einer Frau in einer Klinik, die spezialisiert ist auf die Behandlung querschnittsgelähmter Menschen. Auf dem Gang kam mir eine Frau in einem Rollstuhl entgegen, die offensichtlich vom Hals an gelähmt war. Sie steuerte den Rollstuhl mittels einer Lenkvorrichtung in Höhe ihres Kinns. Ihre traurigen Augen berührten mich zutiefst. Am Abend desselben Tages saß ich dann bei einem meiner Vorträge in einer esoterischen Buchhandlung und blickte auf ein Bücherregal vor mir. Dort lachten mir Titel entgegen, die versprachen, dass jeder Mensch kraft seines Denkens gesund, erfolgreich und glücklich sein könne. Welch eine Diskrepanz zu der harten Wirklichkeit, die ich wenige Stunden zuvor in den Augen der Frau gesehen hatte! Auch ich will mit meinen Büchern Botschaften der Zuversicht und Lebensfreude verbreiten. Nicht zuletzt der Untertitel dieses Buches verspricht, dass wir emotionale Angriffe des Lebens ins Positive wenden können. Wer beschreibt, *wie* etwas geht, setzt damit schließlich auch die Botschaft in die Welt, *dass* es geht. Doch wird in meinen Büchern jeder Leser enttäuscht, der darin die Botschaft finden will, wie es leicht und einfach geht. Wir müssen die Gewichte im Fitnessstudio der Seele stemmen, um wie ein Kampfkünstler die Angriffe des Lebens abwehren zu können: »Bodybuilding für die Seele«, sozusagen, gehört auch dazu.

Als ich während der Arbeit an diesem Manuskript von seinem Thema sprach, sagten einige: »Aber ich fühle mich nicht vom Leben angegriffen.« Nun ja, ich sage auch nicht, dass man sich jederzeit attackiert fühlen muss, das tue ich Gott sei Dank auch nicht. Aber es ist leicht, sich nicht emotional angegriffen zu *fühlen*, wenn man im Augenblick nicht angegriffen *wird*. Ich nehme jedoch niemandem die Behauptung ab, dass er es noch nie so empfunden hätte. Auch gibt es keine Garantie für die Zukunft. Wir können uns nicht absichern, weder mit materiellen noch spirituellen Reichtümern. Wir können keine Deals mit dem Schicksal eingehen. So ist für mich auch Gesundheit kein Verdienst, sondern ein Geschenk, für das wir dankbar sein und für dessen Erhaltung wir angemessen Vorsorge treffen sollten.

Vermutlich nie zuvor in der Geschichte legten so viele Menschen so viel Wert auf ihre persönliche Gesundheit. Doch wie es scheint, fühlten sich nie zuvor in der Geschichte so viele Menschen so krank wie heute. In unserer zivilisierten Welt, in der niemand befürchten muss zu erfrieren, zu verdursten oder zu verhungern, leiden immer mehr Menschen unter dem sogenannten »Burn-out«-Syndrom. Ich denke, dass diese moderne Form der Depression auch auf Glaubenssätzen der Leistung und des Verdienstes beruht.

Der Glaube, sich Anerkennung, Wohlempfinden und Liebe durch Leistung verdienen zu *müssen*, geht einher mit dem Glauben, sich all das auch durch Leistung verdienen zu *können*. Diese Glaubenssätze werden durch die bereits genannten spirituellen Lehrer und Lehrerinnen genährt, die den Menschen vermitteln, dass man alles bekommen könnte, was man sich wünscht. So entsteht leicht der falsche Eindruck, wer alles bekommen könnte, dem stünde auch alles zu. Wer es nicht hätte, wäre selbst schuld.

Verdienst beruht auf dem Prinzip der Leistung und der Gegenleistung. Auch das Leben können wir uns nicht verdienen. Schließlich ist es keine Leistung, geboren zu werden. Ebenso wenig ist es eine Leistung zu sterben. Jeder kann es, und jeder »tut« es, ja muss es. Doch wir sollten mit dem Geschenk der Gesundheit achtsam umgehen, indem wir uns um unseren Körper und unsere Seele kümmern. Achtsamkeit bedeutet aber auch, nicht zu ehrgeizig zu werden. Viele haben in der heutigen Zeit einen regelrechten Ehrgeiz hinsichtlich Gesundheit und Ernährung entwickelt. Dabei geht es jedoch nicht etwa darum, die unzähligen Menschen auf diesem Erdball, die immer noch an Hunger leiden und deshalb sterben, mit Essen und Medikamenten zu versorgen. Vielmehr ist die Sorge groß, dass der Überfluss an Nahrungsmitteln in den westlichen Schlaraffenländern zu Übergewicht der Bewohner führen könnte. Heerscharen von Medizinern und Ernährungsberatern bemühen sich, den Menschen die »richtige« Ernährungsweise zu vermitteln. Viele machen den Leistungssport in der Disziplin »Ernährung« mit. Sie halten Diät, obwohl die innere Stimme der Seele sich dagegen auflehnt.

Doch was nutzt eine vermeintlich gesunde Ernährung, wenn sie die Lebensfreude tötet? Ich habe manches Mal bei Feiern Leute gesehen, die sich nicht oder nur mit spitzen Fingern an das reichlich gedeckte Buffet trauten, weil sie sich in den Fängen irgendeiner aktuell modernen Eiweiß-, Kohlenhydrat- oder Wer-weiß-was-Diät befanden. Die Seele will die körperlichen Freuden genießen, und dazu gehören eben auch Essen und Trinken. Wer auf seinen Körper hört und zugleich den Genuss nicht scheut, hält sein individuelles Idealgewicht, das sich meines Erachtens in keine Norm pressen lässt. Jeder Mensch ist einzigartig und verfügt deshalb über Eigenschaften, die ihn von anderen einzigartigen Menschen unterscheiden. Wir haben unterschiedliche Körper- und Schuhgrößen und Haarfarben. Was ist die Norm für die richtige Haarfarbe?

Ich möchte spirituelle Lehrer ausbilden, die bodenständig bleiben und verantwortungsvoll mit ihrer Arbeit umgehen. Dazu habe ich Leitsätze für Meditations- und Reiki-Lehrer entwickelt, die Qualitätsmerkmale für gute Seminarleiter sein sollen. Man geht jedoch auch als »Kunde« besser verantwortungsvoll mit der Buchung spiritueller Angebote um und lässt sich zum Beispiel nicht von irrealen Heilsversprechen blenden. Wer beteuert, dass nach dem Besuch eines zweitägigen Seminars nur noch Friede und Freude in seinem Leben herrschen, lehnt sich meines Erachtens zu weit aus dem Fenster. Ich verspüre auch ein leichtes Unbehagen, wenn ich auf einer Homepage oder in einem Flyer ein zu reichhaltiges Angebot vorfinde. Wer beispielsweise zugleich Seminare für Reiki, Familien-Stellen, Ayurveda-Massagen, Heilung des inneren Kindes, Transformationstherapie und

Wunscherfüllung anbietet, hat nach meinem Gefühl seinen eigenen Weg noch nicht gefunden. Auch in einem Restaurant ist mir eine kleine Speisekarte mit wenigen Gerichten lieber als eine große mit hundert. Nicht zuletzt sollte das Preis-Leistungs-Verhältnis stimmen. Ein Seminarleiter sollte in der Lage sein, sein eigenes Angebot selbst als Kunde bezahlen zu können. Ich empfinde eine gewisse Skepsis, wenn jemand für ein Seminar mehrere tausend Euro verlangt und selbst von der Hand in den Mund lebt. Wie könnte mir jemand den Weg in die Fülle weisen, der selbst im Bewusstsein des Mangels lebt?

Noch viel wichtiger als die bisher aufgeführten Kriterien ist die spirituelle Botschaft des Betreffenden. Leider Gottes vermitteln viele immer noch die Trennung zwischen guten und bösen Energien. Ich habe auf esoterischen Kongressen Lichtarbeiter getroffen, die alle möglichen Rituale praktizierten, um sich gegen das Dunkle zu schützen. Sie versuchten, die Schatten zu vertreiben, die sie mit ihrem Licht selbst verursachten. Je stärker sie sich um ihre Beleuchtung bemühten, desto größer wurden die Schatten. Sie hielten es für einen Beweis ihrer hochentwickelten Spiritualität, dass sie in vielen Räumen das Dunkle bemerkten. Niemals kamen sie auf den Gedanken, dass sie dieses Dunkle selbst in den Raum hereingeschleppt haben könnten.

Ich führe zu diesem Thema immer folgendes Beispiel an: Stell dir vor, du sitzt in einem lichthellen Raum vor einer geschlossenen Tür. Der Raum hinter dieser Tür ist stockdunkel. Wenn du nun die Tür öffnest, wird dein Raum nicht dunkler. Vielmehr ist es so, dass das Licht des hellen Raums auf den dunklen ausstrahlt. Wenn in dir ein Licht brennt, wie könnte dir also die Dunkelheit etwas anhaben können?

Auch halte ich persönlich das Dunkle nicht für ein Symbol des Bösen. Schließlich benötigt das Licht die Dunkelheit als Hintergrund. Was also sollte schlecht an der Dunkelheit sein, wenn sie sogar Voraussetzung für das Licht ist? Auch die Schönheit eines Sonnenaufgangs entsteht erst durch das Zusammenspiel von Licht und Dunkelheit. Der Himmel ist für mich ein Symbol der Einheit. Im Gegensatz zur Erde unter ihm kennt er keine Grenzen. An diesem einen Himmel erscheinen immer wieder unterschiedliche Wolken. Es gibt schwarze und schwere Wolken, die Regen und Hagel bringen, und es gibt weiße, leichte Wolken bei Sonnenschein.

Manche Propheten scheinen nun zu behaupten, es gäbe zwei Himmel: Der eine sei für die schwarzen und der andere für die weißen Wolken zuständig. Solche Propheten übertragen die Gesetze der Polarität auf die Ebene der allumfassenden Einheit. Mit ihrem Glauben verharren sie selbst noch zwischen den Grenzen von Gut und Böse. Ihr Vokabular ist neuzeitlich, der Inhalt ihrer Worte jedoch ist alttestamentarisch. Sie bezeichnen sich selbst nicht als Propheten, sondern als spirituelle Lehrer und Lebensberater. Sie sprechen von dunklen und negativen Energien, vor denen man sich schützen müsste. In ihrem Wortschatz gibt es Fremdbesetzungen und verlorene Seelenanteile, die man zurückholen müsste. Sie verbreiten Botschaften der Angst. Wer sein Erwachen verhindern will, sollte diesen Propheten folgen.

Viele Lichtarbeiter meinen, der Feind des Erleuchteten sei der Alltag. Um auf der spirituellen Laufbahn richtig durchstarten zu können, müsse man sich zunächst von den Ketten der profanen Verpflichtungen lösen. Manche neigen zu der Ansicht, je mehr man losließe, desto mehr käme. Der Anspruch, alles loszulassen, kann jedoch leicht zum Phlegma werden. Ich habe bei meinen Streifzügen durch die esoterische Szene oft erlebt, dass die Prediger des »Es kommt alles von allein, du musst dich nicht anstrengen« selbst in keiner Weise glücklich waren. Sie lenkten ihre Achtsamkeit zu sehr auf das Loslassen und vernachlässigten das Anpacken. Wer sich von allem lösen will, ohne zu wissen, wofür er seine Freiheit nutzen möchte, läuft Gefahr, eines Tages mit leeren Händen dazustehen.

Der Moment des absoluten Loslassens kommt auch in diesem Leben von ganz allein. Dafür müssen wir nichts tun. Im Gegenteil: Wir können es auf keinen Fall verhindern. Der Tag des Todes ist bereits jetzt auf dem Weg zu uns. Wir sind hier auf der Erde in unseren Körpern, um zu erschaffen. Wir haben den Verstand, um Ideen zu entwickeln, wir verfügen über Sprache, um die Ideen in Worte zu formulieren, wir haben Hände, um die Ideen in Handlungen zu verwandeln. Wir sind hier, um all unsere Ressourcen, unsere Fähigkeiten und Talente anzuwenden. Wir sind hier, um unser gesamtes Potenzial zu nutzen. Tägliches Mantra-Singen allein reicht nicht aus, um unseren individuellen Auftrag für die göttliche Schöpfung zu erfüllen. Und zu diesem Auftrag zählen auch die Freuden. Wir dürfen unsere Körperlichkeit und alles, was dazugehört, genießen. Manche haben einen Leistungsanspruch hinsichtlich ihrer Spiritualität entwickelt und dabei ihre vormals weltlichen Ziele gegen geistige eingetauscht. Nun geht es ihnen nicht mehr um

Besitz und berufliche Karriere, sondern um seelisches Wachstum und Erleuchtung. Dabei übertreiben es manche mit ihrer Disziplin. Einige wenige Esoterik-Extremisten bemühen sich zum Beispiel, ihren Speiseplan auf »Pranakost« umzustellen. Sie wollen ihren Körper auf die Gegebenheiten der geistigen Welt einstellen und streben danach, sich nur noch von Licht ernähren zu können. Sie glauben, je mehr Licht der Mensch zu sich nähme, desto erleuchteter würde er. Meines Erachtens wird andersrum (vielleicht) ein Schuh draus: Mit dem Zustand der Erleuchtung mag es sein, dass sich das Bedürfnis bezüglich der Nahrung verändert. Möglicherweise hat man dann kein Verlangen mehr nach Fleisch, Kartoffeln und Gemüse, sondern nach Blau, Rot und Lila.

Ich persönlich hoffe jedoch nicht, dass mir in dem Moment meiner Erleuchtung der Appetit vergeht. Auch viele Religionen kennen Ernährungsvorschriften, deren Einhaltung neben dem Glauben an den richtigen Gott eine wichtige Voraussetzung ist, um nach dem Tode eine Aufenthaltsgenehmigung für den Himmel zu erhalten. Weil die Bewohner des Paradieses reinen Herzens sind, dürfen die Bewerber für die freien Plätze vor ihrem Einzug keine unreine Nahrung zu sich nehmen, lautet die Botschaft.

Je länger ich mich auf dem spirituellen Weg befinde, desto bodenständiger werde ich. Ich gehe zurzeit oft im Wald spazieren und mache dabei Rast in dem Freiluftbistro eines Kletterparks. Ich sitze dort und sehe den Leuten dabei zu, wie sie ihre mitgebrachten Lebensmittel essen und trinken und sich über Alltägliches unterhalten. Weit entfernt von esoterisch-spirituellen Phrasen, einfach und wohltuend. Immer mehr wird mir klar, dass es auf das einfache, bodenständige Leben ankommt. Jemand hat einmal gesagt, er habe erst spät im Leben erkannt, dass nicht der Mensch danach streben sollte, wahrer Geist zu werden, sondern vielmehr der Geist danach strebt, ein wahrer Mensch zu werden. Spirituelle Überflieger, wie man sie häufig auf esoterischen Messen trifft, bewegen sich in diesem Sinne in der Gegenrichtung. Mit ihrem spirituellen Ehrgeiz, das vermeintliche Elend des »normalen« Menschseins hinter sich zu lassen, blockieren sie in Wahrheit ihr geistiges Wachstum. Der geniale Regisseur und Aktionskünstler Christoph Schlingensief, der 2010 verstorben ist, nannte sein Buch *So schön wie hier kann's im Himmel gar nicht sein!* – hier auf Erden befindet sich das wahre Ziel, das all die gen Himmel strebenden Lichtarbeiter sich erhoffen.

Wenige Tage vor Christoph Schlingensief starb auch Sepp Daxenberger, ein hemdsärmeliger Landwirt und Politiker der bayrischen Grünen, der seinen Parteifreunden gern den Unterschied zwischen einer Krawatte und einem Kuhschwanz erklärte: »Ein Kuhschwanz verdeckt das ganze Arschloch.« In seinem letzten Interview mit der *Süddeutschen Zeitung* antwortete Daxenberger auf die Frage, wie er sich das Paradies vorstelle: »Hier zu leben, hier zu sein. Mir passiert es immer öfter, dass ich von München heimkomme, das Auto hinstelle und nicht ins Haus gehe, sondern zu den Kälbern hinunterschaue, denen etwas Heu gebe, dann vielleicht zum Obstanger gehe, ob den Bäumen etwas fehlt, oder ich fahre mit dem Auto ins Moos, um zu schauen, ob das Gras gewachsen ist. Und dann gehe ich erst rein ins Haus.«

So schön wie hier kann es im Himmel gar nicht sein!

Ich unterscheide generell nicht mehr zwischen spirituellen und nichtspirituellen Menschen. Wir alle sind geistige Wesen in einem Körper, von daher sind wir alle spirituell. Es gibt nur Menschen, die sich mehr für spirituelle Themen interessieren, und welche, die das weniger tun. Auch gibt es Zeiten, in denen man sich um geistige Fragen kümmert, und solche, in denen man das eben nicht tut. Ebenso gibt es Orte, an denen man sich mit solchen Themen beschäftigt, und Orte, an denen man das für gewöhnlich nicht macht. Obwohl ich der Ansicht bin, dass in manchen Kneipen an der Theke tiefgründigere spirituelle Gespräche geführt werden als auf Esoterikmessen.

Letztendlich stellt sich jeder Mensch im Laufe seines Lebens irgendwann die Frage, ob und, wenn ja, wie es nach dem Tod weitergeht. Es ist die Frage nach dem Sinn des Lebens. Sind wir ein endlicher Teil oder ein ewiger Teil der Existenz? Sind wir die Wolken oder sind wir der blaue Himmel? Auch diese Frage können wir mit unserem Intellekt nicht beantworten. Aber wir können die Antwort in den Augen der Kinder finden. Wenn wir einem Baby in die Augen schauen, werden wir kaum behaupten können, lediglich eine biochemische Flüssigkeit zu betrachten. Vielmehr bemerken wir darin eine Präsenz, die verstandesmäßig nicht greifbar ist. Wie auch immer wir diese Präsenz beschreiben wollen, erklären können wir sie nicht. Wir dürfen uns mit dem Staunen begnügen. In unserem Staunen sind wir meines Erachtens näher an der Wahrheit als mit jedem Erklärungsmodell des Verstandes. Michael Ende, Autor höchst spiritueller Bücher wie *Momo* und *Die unendliche Geschichte*, notierte einmal: »Welcher elektrochemische Prozess in unserem Hirn hat wohl den Gedanken hervorgebracht, dass Gedanken nichts anderes seien als elektrochemische Prozesse in unserem Hirn?«

Jede spirituelle Anstrengung ist vergeblich, wenn man etwas damit erreichen will. Meditation ist absolut ziellos und zwecklos, so wie das Leben selbst ziellos und zwecklos ist. Meditation ist die Erfahrung des Hier und Jetzt in seiner totalen Intensität. Meditation ist ein innerliches Fallenlassen in den Augenblick. Je tiefer unsere Meditation ist, desto heftiger werden wir mit unserer eigenen Gegenwart konfrontiert. Wir begegnen uns selbst so, wie wir sind, ohne danach zu streben, anders zu sein. Der beste Weg, Erleuchtung zu verhindern, besteht darin, nach ihr zu suchen.

Auch die Kampfkunst des Herzens ist eine spirituelle Praxis. Sie bietet keine Fluchtmöglichkeit aus dem weltlichen Leben, sondern hilft dabei, die alltäglichen Herausforderungen zu bewältigen. Der Kampfkünstler des Herzens hebt nicht ab, sondern bewahrt seine Bodenhaftung. Wie sagte meine Freundin Anke: »Wer zu lange mit den Engeln fliegt, vergisst schon mal, die Blumen zu gießen.«

Alte Symbole im neuen Licht

Wer einen Kalender für 2013 bestellen wollte, war bei den Maya an der falschen Adresse. Der letzte Kalendertag in ihrem Programm datierte auf dem 21. Dezember 2012. Viele Bücher beschäftigten sich in den letzten Jahren mit der Frage, was nach diesem Zeitpunkt auf unserem Planeten passieren würde. Viele spirituell interessierte Menschen verspürten Endzeitstimmung. Das ist nichts Besonderes. Vermutlich gab es keine Epoche, in der Menschen nicht geglaubt hätten, selbst am Ende der Zeit zu leben. Jede Generation hält sich für den Gipfel der Schöpfung. Was sollte danach noch kommen? So vertrauen die Zeugen Jehovas schon lange, sehr lange darauf, dass bald schon, sehr bald der weltliche Sündenpfuhl untergeht und Jesus Christus persönlich auf diesem Planeten sein Königreich errichtet. Auch die heiligen letzten Tage der Mormonen dauern mittlerweile schon 180 Jahre an. Viele Angehörige dieser und anderer Glaubensgemeinschaften sind dennoch weiterhin zuversichtlich, persönliche Augenzeugen der Wiederkehr Christi werden zu können.

Relativ aktuell wurde von einem christlichen Sektenführer in den USA der Weltuntergang für den 21. Mai 2011 prophezeit. Tausende Menschen rund um den Globus glaubten ihm und kündigten ihren Job. Singend und betend erlebten sie dann am 22. Mai den Sonnenaufgang. In gewisser Weise hatte der alte Prediger dennoch recht: Am Abend des 21. Mai verlor der MSV Duisburg das Pokalfinale gegen Schalke 04. Für mich kam das wahrlich einem Weltuntergang gleich!

Viele spirituelle Lichtarbeiter haben andere Vorstellungen von der Zeitenwende. Manche von ihnen gehen fest davon aus, eine intergalaktische Evakuierungsflotte würde mit ihren Ufos auf der Erde landen und all diejenigen einsammeln, die reif und bereit für den Aufstieg seien. Die Anhänger solcher Theorien haben mit den Gläubigen der etablierten Religionsgemeinschaften gemein, dass auch sie die Erde für einen Hort der Sünde und des Bösen halten. Einige Autoren spiritueller Literatur verbreiten Geschichten über die Manipulation der Menschen durch geheime Bünde und erhoffen sich einen bevorstehenden Machtwechsel auf diesem Planeten. Viele einzelne Aspekte werden in diesen Büchern beschrieben und ergeben zusammengenommen ein scheinbar klares Bild. Mehrere lose Fäden werden ergriffen und zusammengeknüpft. Je mehr Details erwähnt werden, desto logischer und beweiskräftiger erscheint die Theorie. Ein in Esoterikerkreisen beliebtes Beispiel dafür ist folgende Schlussfolgerung: Der Buchstabe »w« ist im Hebräischen das Zeichen für die Zahl Sechs. In der Apokalypse des Johannes ist die Zahl 666 das Zeichen des Tieres. »Das Tier« ist die Bezeichnung für den Satan. Die Adressen der Seiten im Internet beginnen mit den Buchstaben www. Damit ist für die Adepten esoterischer Verschwörungstheorien der »Beweis« erbracht, dass das Internet ein Werkzeug des Teufels ist. Gemäß dieser Logik wird damit plausibel gemacht, dass die Erfinder des Internets teuflische Absichten haben.

Zugegebenermaßen lese ich solche Bücher gern, ich finde sie zum Teil faszinierend. Dennoch ist mir als gelerntem Kriminalbeamten der Unterschied zwischen seriöser und unseriöser Beweisführung sehr wohl bekannt. Kriminalisten ermitteln von der Tat zum Täter. Sie haben einen Fall und machen sich auf die Suche nach den Tätern und deren Motiven. Verschwörungstheoretiker machen es umgekehrt. Sie »kennen« die Täter und »wissen« deren Motive. Nun machen sie sich auf die Suche nach dem Fall.

In dem 1997 erschienenen Buch *Der Bibel Code* versucht der Autor nachzuweisen, dass die Bibel in Wahrheit eine Datenbank Gottes sei, die verschlüsselte Botschaften über den Verlauf der Menschheitsgeschichte enthielte. Mit Hilfe von Computerprogrammen sei nunmehr der Code für die Entschlüsselung gefunden worden. Jetzt könnten auch Voraussagen für die Zukunft gemacht werden. So erwarte die Menschheit in den Jahren 2000, 2006 oder 2126 ein atomarer Holocaust oder der Einschlag eines Kometen. Dem Himmel sei Dank sind diese Katastrophen weder 2000 noch 2006 eingetroffen, und bis 2126 haben wir ja noch ein wenig Zeit. Dabei sind die Geschichten in der Bibel auch ohne Verschlüsselungstheorien fantastisch genug. Käme ein spiritueller Sucher heutzutage aus einem indischen Aschram nach Deutschland zurück und würde von seinem Guru berichten, dass dieser drei Tage nach seiner Hinrichtung quietschfidel aus dem Grab gestiegen und einige Wochen später vor den Augen seiner Anhänger leibhaftig in den Himmel aufgestiegen sei, würde er sicher auf Skepsis stoßen. Vermutlich wären sogar diejenigen die größten Skeptiker, die daran glauben, dass genau dies vor zweitausend Jahren in Palästina geschah.

Die biblischen Geschichten sind für mich Gleichnisse, die eine Botschaft vermitteln wollen. Daher spielt es keine Rolle, ob ein beschriebenes Ereignis tatsächlich so stattgefunden hat oder nicht. Eine buchstabengetreue Auslegung bleibt immer an der Oberfläche des Papiers hängen, die Bedeutung der Texte liegt tiefer. Gute religiöse Lehrer vermitteln ihren Schülern, dass sie über den Inhalt eines Textes meditieren sollen. Die Botschaft des Textes offenbart sich dem Schüler erst dann, wenn das äußere Wort zu seinem inneren Bild geworden ist.

Die göttliche Kraft hat viele Namen. Die Tibeter nennen

sie »Lung«, den »Lebenswind«, die Hindus »Prana«, den »Lebensatem«, die Chinesen »Qi«, die »Lebensenergie«, und ich persönlich glaube, dass Jesus diese Kraft meinte, wenn er vom »Heiligen Geist« gesprochen hat. Mit dieser Ansicht eckte ich in der Vergangenheit bei einigen Verfechtern des traditionellen Reiki an. Der Begriff schien ihnen zu religiös. Ich wurde verdächtigt, streng katholisch zu sein. Dabei war ich bis dahin weder katholisch noch evangelisch, ich gehörte keiner Religionsgemeinschaft an. Dennoch war ich durchaus religiös. »Religion« bedeutet »Rückverbindung«. Ein religiöser Mensch spürt seine Verbindung mit der geistigen Quelle, unabhängig davon, wie er sich diese geistige Quelle vorstellt oder wie er sie bezeichnet. Ein frommer Mensch hingegen will seinem Gott durch Gläubigkeit und Tüchtigkeit gefallen. Davon bin ich weit entfernt. Ich glaube nicht an einen personifizierten Gott, der von seinen Fans verlangt, ihm zu huldigen. Dieses Gottesbild ist für mich ebenso wie jedes andere definierte Gottesbild viel zu begrenzt. Das Göttliche lässt sich nicht eingrenzen. »Mach dir kein Bild von deinem Gott« ist diesbezüglich ein weiser Rat.

Die Verbindung mit der geistigen Quelle entsteht nicht durch einen bestimmten Glauben, sondern durch konkrete Handlungen. Wenn ich beispielsweise etwas tue, was mir Freude bereitet, fühle ich mich stärker und präsenter. Das Gleiche gilt, wenn ich meditiere. Auch dann spüre ich verstärkt die Anbindung an meine geistige, göttliche Quelle. In diesem Sinne ist Meditation ein religiöser Akt. Dennoch fühle ich mich mit meinem spirituellen Verständnis der katholischen Kirche näher als jeder anderen Religionsgemeinschaft. Ich bin evangelisch getauft und später als junger Erwachsener aus persönlichen (ehrlicherweise steuerlichen) Gründen aus der Kirche ausgetreten. Anschließend erhielt ich von der evangelischen Gemeinde einen Brief. Ich wurde gebeten, meine Familie und Freunde von meinem Kirchenaustritt zu informieren, damit sie im Falle meines Todes nicht erschrecken würden, dass ich kein christliches Begräbnis erhielte. Dieses Schreiben empfand ich damals als nachträgliche Bestätigung dafür, dass ich richtig gehandelt hatte.

Fünf Jahre später begab ich mich dann auf meinen persönlichen spirituellen Weg, auf dem ich wieder mit der Kirche in Kontakt kam. Insbesondere die katholische Gemeinde an meinem Seminarort an der Nordsee hat mir sehr viel Vertrauen entgegengebracht. Im Dezember 2012 habe ich dieses Vertrauen zurückgegeben und bin in die katholische Kirche eingetreten. In einer Zeit, in der wieder Religionskriege herrschen, möchte ich ein persönliches Zeichen setzen. In vielen Ländern der Welt werden Christen verfolgt und getötet, und hierzulande scheint es kaum jemanden zu stören. In unserem christlichen Abendland herrscht offenbar religiöse Erschöpfung. Meines Erachtens sind lebendige Religionen jedoch wichtig für die spirituelle Entwicklung der Menschen. Staaten, die aus ideologischen Gründen, wie es auch in der DDR geschehen ist, Religionen kleinhalten, sind auch arm an spirituellen Bewegungen. Schließlich war jede Religion zum Zeitpunkt ihrer Entstehung nichts anderes als eine neue, spirituelle Richtung. Die ersten Christen beispielsweise waren Juden, die ihre Religion auf andere, neue Weise lebten und interpretierten.

In diesem Zusammenhang fällt mir der Satz eines jüdischen Gläubigen ein, den er aussprach, als er von einem sehr langatmigen Rabbi in seiner Gemeinde berichtete: »Bei dessen Gottesdiensten ist die die Hälfte der Anwesenden nach zwei Stunden geneigt, Jesus Christus als Messias zu akzeptieren.«

Das Judentum ist reich an Witzen, in denen es sich selbst auf die Schippe nimmt. Und auch das Christentum hat gelernt einzustecken. Es ist leicht geworden, die katholische und auch evangelische Kirche zu kritisieren. Niemand mehr muss die heilige Inquisition fürchten. Viele Katholiken sind derzeit geneigt, sich für ihren Glauben eher zu entschuldigen, als ihn zu verteidigen. Und bis die evangelische Kirche sich in ihren Gremien eine Meinung zu einer Angelegenheit gebildet hat, ist das Thema längst verpufft. Den Kriegsschauplatz der Religionen überlässt man derzeit den Fundamentalisten und Stimmungsmachern auf allen Seiten, wie denjenigen Evangelikalen aus Amerika, die am liebsten alle Bücher außer der Bibel verbrennen wollen, und radikalen Islamisten, die sich bei jedem kritischen Wort tödlich beleidigt fühlen und zum Aufstand der Empörten aufrufen.

Nur von den Gemäßigten aller Religionsgemeinschaften traut sich niemand mehr, mal mit der Faust auf den Tisch zu hauen. Ich hoffe, dass mit meinem Eintritt in die katholische Kirche auch wieder mehr Selbstbewusstsein durch deren Tür kommt. Dennoch werde ich, wie ich es auch in diesem Buch getan habe, weiterhin Kritik an der Kirche üben, wenn ich sie für angebracht halte. Ab jetzt jedoch von innen, nicht mehr von außen. Ich bin durchaus der Ansicht, dass man mehr vor der eigenen Tür kehren sollte als vor anderen. Ich denke aber auch, dass dies gleichermaßen für alle anderen Religionsgemeinschaften gelten sollte.

Etliche Meditationsformen tragen das »Qi« oder »Chi« in ihrem Namen. Die bekanntesten sind das Qi Gong und das Tai Chi. Das »Ki« in dem Wort »Reiki« ist eine andere Schreibweise des chinesischen »Qi«. »Rei« bedeutet »universell«, also allumfassend. Die universelle Lebensenergie schließt alles mit ein. Nichts ist von ihr getrennt, die Energie durchfließt alles und verbindet alles miteinander. Sie ist in diesem Sinne heil. Die Energie ist in ihrer reinsten Form unsichtbar, sie ist geistiger Natur. Der Begriff »Heiliger Geist« ist somit für mich eine passende Übersetzung des Wortes »Reiki«. Sie passt tatsächlich wie die sprichwörtliche Faust aufs Auge.

Womit wir wieder bei der Kampfkunst wären … Eine der ersten Botschaften meiner geistigen Lehrer lautete: »Finde eine Kombination aus Kampfsport und Meditation und gib sie an andere weiter!« Und immer mehr wird mir klar, dass ich diesen Auftrag bereits erfülle. Reiki, so wie ich es lehre, ist nichts anderes als eine Kombination von Kampfsport und Meditation. Die Kämpfe finden nicht im Außen, sondern im Innern statt. Wir müssen unsere Erlebnisse emotional verarbeiten. Das ist nicht immer einfach, weil das Leben eben nicht nur aus Frieden, Freuden und Festen besteht. Das Leben ist eben kein Ponyhof, wie es so schön heißt. Insbesondere dann, wenn ich das Gefühl habe, nicht gut genug, ungeliebt, verletzt worden, schuldig, hilflos oder fremdbestimmt zu sein, kommt die Energie des Lebens auf mich zu. In diesen Zeiten erfahre ich seine Angriffe. Ebenso wie alle anderen Kampfkunstarten hat auch Reiki zum Ziel, die Energie anzunehmen und in die gebende Richtung umzukehren. Positives Denken reicht dafür nicht aus. Es hilft mir nichts, mir das Gegenteil von dem einzureden, was ich fühle. Gedanken bleiben immer an der Oberfläche. Es kann sich jedoch erst dann etwas verändern, wenn die Botschaft des Gedankens im Herzen angekommen ist. Die Methode des positiven Denkens ist nur dann hilfreich, wenn das »positiv Gedachte« auch vom Herzen »verstanden« wird. Reiki ist ein innerer Weg, der vom Verstand in das Herz führt. Dort sind die inneren Bilder verankert, die entweder für mich oder gegen mich wirken. Innere Bilder sind emotionale Erinnerungen an prägende Erfahrungen. Sie wirken auch dann noch, wenn der Verstand das ursächliche Ereignis längst vergessen hat. Manche Erlebnisse in der Kindheit beispielsweise, die für den erwachsenen Verstand klein und unbedeutend geworden sind, können tief im Herzen verankert sein und das Lebensgefühl eines Menschen bis ins hohe Alter bestimmen.

Viele Reiki-Traditionelle legen Wert auf alte japanische Symbole. Für sie ist es wichtig, die ursprünglichen Zeichen korrekt aufmalen zu können. Dahinter steckt der Glaube, die Symbole seien erforderlich, um sich mit der heilenden Energie verbinden zu können. Ich sehe das anders. Ich glaube, dass jeder Mensch die Fähigkeit der Heilung in sich trägt. Als beispielsweise Papst Johannes Paul II. im Sterben lag, beteten Millionen von Menschen für ihn. Die wenigsten von ihnen dürften zuvor eine Reiki-Einweihung genossen haben. Und dennoch war die Energie weltweit spürbar. Niemand benötigte dafür ein bestimmtes Gebet, ein bestimmtes

Mantra oder ein bestimmtes Symbol. Jeder tat es auf seine eigene Weise. Jesus sagte seinen Schülern: »Wenn zwei von euch in meinem Namen zusammenkommen, bin ich als Dritter dabei.« Er sagte nicht: »Sprecht ein bestimmtes Gebet, macht eine bestimmte Geste, sonst komme ich nicht ...« Entscheidend ist nicht die Form der Handlung, sondern allein das Bewusstsein, in dem sie vollzogen wird.

Auch bei der Fußballweltmeisterschaft 2006 wehte eine heilende Energie durch dieses Land. Zum ersten Mal nach dem Zweiten Weltkrieg trauten sich die Menschen in Deutschland, unbefangen ihre Nationalmannschaft zu feiern. Ich habe in keinem Fußballstadion eine Fahne gesehen, auf der eines der Reiki-Symbole abgebildet war. Und dennoch waren die Stadien voller Energie. Nun könnte man dagegenhalten: Was hat die Energie in einem Fußballstadion mit Reiki zu tun? Meine Antwortet lautet: »Alles!« Es gibt nur eine Energie, nicht mehrere. Genau das besagt der Name »Reiki«: »allumfassende Lebensenergie«. Sie ist die Energie, die alles durchströmt. Sie fließt in Fußballstadien und in Meditationsräumen. Sie entfaltet sich im Lärm und in der Stille. Man kann sie ebenso zum Tanzen wie auch für das Handauflegen nutzen.

Einschränkende Glaubenssätze sind begrenzte Vorstellungen über das, was möglich ist. Jemand formulierte es mal so: »Alle sagten: Das geht so nicht! Dann kam einer, der das nicht wusste ...« Auf das Thema dieses Kapitels bezogen, lautet die Botschaft: Wer nicht weiß, dass man für die Ausübung der Reiki-Techniken Symbole benötigt, kann es auch ohne.

Osho erzählte einmal die Anekdote von einem heiligen Mann, der auf einer einsamen Insel lebte. Die Menschen auf dem gegenüberliegenden Festland erzählten sich, dass dieser Mann Wunderdinge und Heilungen vollbringen könne, ohne auch nur ein einziges Gebet zu kennen. Dies kam einem Kardinal zu Ohren, der sich daraufhin ein Ruderboot schnappte und auf die Insel fuhr, um sich selbst ein Bild von dem vermeintlichen Heiligen zu machen. Der heilige Mann empfing den Kirchenfürsten freundlich und bestätigte ihm, kein Gebet zu kennen. »Kannst du mir denn eines beibringen?«, fragt er.

Der Kardinal war hoch erfreut über die Lernbereitschaft des Inselbewohners und erklärte ihm das Vaterunser. Als er die letzte Zeile gesprochen hatte, sagte der andere: »Könntest du mir bitte den Anfang des Gebets noch einmal sagen, ich habe ihn vergessen.«

Der Kirchenmann kam diesem Wunsch nach. »Nun habe ich den Schluss vergessen, würdest du ihn noch einmal wiederholen?«, fragte der Heilige erneut.

Und so ging das einige Male hin und her. Am Anfang des Gebets hatte er dessen Schluss und am Ende des Gebets dessen Anfang vergessen. Irgendwann wurde es dem Kardinal zu viel. Er war zu dem Schluss gekommen, dass dieser merkwürdige Inselbewohner kein Heiliger, sondern lediglich ein freundlicher Dummkopf sei. »Ein hoffnungsloser Fall«, dachte er, stieg in sein Boot und ruderte zurück in Richtung Festland. In der Mitte des Sees hörte er auf einmal ein merkwürdiges Geräusch hinter sich. Er drehte sich um und sah den Heiligen über das Wasser laufen. Dieser fragte: »Könntest du mir bitte noch einmal den Anfang des Gebetes sagen?«

Für mich sind die inneren Bilder eines Menschen die wahren Symbole des Reiki. Locker ausgesprochen: Ein Mensch mit mangelndem Selbstwertgefühl gelangt nicht zum Selbstvertrauen, indem er ein altes japanisches Symbol nachmalt. Vielmehr muss er die Bilder der Wertlosigkeit in seinem Inneren gegen Bilder des Selbstvertrauens eintauschen. Er muss den alten Erinnerungen neue hinzufügen. Um die dafür notwendigen Erfahrungen zu machen, sind Taten nötig. Der Reiki-Kampfkünstler benutzt keine vorgefertigten Symbole, sondern setzt selbst ein Zeichen. Vielleicht bin ich mit meiner Sichtweise sogar näher an dem Ursprung der Reiki-Tradition als manche, die sich ihr verpflichtet fühlen. Denn ich bin überzeugt davon: Wer auch immer die Reiki-Symbole als Erster beschrieben haben mag, hat von den Bildern in seinem Inneren gesprochen. Die Symbole sind ihrem Erfinder nicht von außen zugeflogen, sondern kamen aus den Tiefen seines Herzens. Dort sind ihr Ursprung und ihr Wirkungsfeld. Gerade deshalb sind sie nicht starr und unabänderlich, sondern lebendig und beweglich. Sie sind nicht objektiv und allgemeingültig, sondern subjektiv und individuell.

Das erste Symbol des traditionellen Reiki ist das Cho Ku Rei. »Cho« bedeutet »Schwert«, »Ku« heißt »eindringen«, »Rei« heißt »universell«. Für einen japanischen Samurai war das Schwert ein Zeichen der Stärke. Ein Mensch, der Bilder der Stärke in sich trägt, verfügt über Selbstvertrauen. Selbstvertrauen ist das zentrale Thema des ersten Grades.

Das zweite Symbol des traditionellen Reiki ist das Sei Heki. »Sei« bedeutet »Verborgenes«, »Heki« heißt »in Einklang bringen«. Das Verborgene steht für das Unterbewusstsein des Menschen. Hier wirken die Bilder der Verletzung, des Haderns und der Schuld. Heilung bedeutet, mit sich selbst ins Reine zu kommen. Selbstvergebung ist das zentrale Thema des zweiten Grades.

Hon Sha Ze Sho Nen ist das dritte Symbol des traditionellen Reiki. »Hon« bedeutet »Ursprung«, »Sha« heißt »leuchten«, »Ze« steht für »den Weg weisen«, »Sho« bedeutet »Ziel«, und »Nen« heißt »Stille«. Innere Bilder der Klarheit zeigen dem Menschen den Weg durch das Leben, vom Ursprung bis zum Ziel, von der Geburt bis zum Tod. Der Weg zur Klarheit führt über die Stille. Wer der eigenen Wahrheit folgen will, darf sich nicht von dem Lärm der anderen beeinflussen lassen. Eigenverantwortung ist das zentrale Thema des dritten Grades.

Das vierte Symbol, im traditionellen Reiki auch »Meistersymbol« genannt, ist das Dai Komio. Die Übersetzung dafür lautet: »Weißes Licht durchflutet mich.« – »Es werde Licht«, heißt es im Buch Genesis. Das Licht steht für die Schöpferkraft. Wer das Licht in sich gefunden hat, ist am Ende der Suche angelangt. Manche Mystiker nennen diesen Zustand »Erleuchtung«.

Viele Reiki-Lehrende vermitteln, man könne (manche behaupten sogar, man müsse) die heilsamen Symbole bei der Ausübung des Reiki *benutzen*. Für mich ist es umgekehrt: Durch die Praxis des Reiki werden sie *erschaffen*. Jedes Mal neu und jedes Mal anders. Die neuen Bilder kann mir niemand verordnen, ich kann sie nicht einnehmen wie ein Medikament. Sie entstehen durch neue Erfahrungen, für die ich sorgen muss. Ich muss Zeichen des Selbstvertrauens setzen, indem ich für mich einstehe. Ich muss Zeichen der Vergebung setzen, indem ich einen Schlussstrich unter alte Schuldgeschichten ziehe. Ich muss Zeichen der Verantwortung setzen, indem ich die Herausforderungen meines Lebens annehme und verändere, was verändert werden sollte.

Reiki ist ein innerer Weg mit drei Stationen, im traditionellen Reiki »Grade« genannt. Die Stationen stehen gleichberechtigt nebeneinander. An ihnen begegnet der Mensch den großen Themen des Lebens: Vertrauen, Vergebung, Verantwortung. Hier kann er lernen, die Selbstachtung zu stärken, die Vergangenheit zu klären und die Schöpferkraft zu nutzen. Eine Befähigung durch einen anderen, im traditionellen Reiki »Einweihung« genannt, ist für die Ausübung der Reiki-Techniken nicht erforderlich. Die Einweihung ist vielmehr ein Akt der Bewusstwerdung, die durch den Praktizierenden selbst geschieht.

Durch die Praxis des Reiki wird sich der Mensch seiner natürlichen Fähigkeit bewusst, dass er die Richtung der Energie beeinflussen kann, die durch sein Leben fließt. Auf dem Weg des Reiki verändert der Mensch seine inneren Bilder. Die Bilder, im traditionellen Reiki »Symbole« genannt, sind Ausdruck von Glaubenssätzen. Der »Reiki-Kampfkünstler« verwandelt in seinem Innern einschränkende Glaubenssätze in befreiende Glaubenssätze, indem er im Außen bewusste Zeichen setzt.

In der katholischen Kirche St. Marien in Schillig, dem Ort meiner Seminare, steht eine kleine Madonnenfigur. Sie ist aus Holz geschnitzt und stammt aus dem 13. Jahrhundert.

Das Symbol für die Kampfkunst des Herzens, kreiert und gezeichnet von Melina Tenbruck

An dieser Statue ist alles perfekt, mit einer Ausnahme: Sowohl der Madonna als auch dem kleinen Jesuskind fehlen die Hände. Die Botschaft dieses Symbols des Göttlichen lautet. »Ich habe keine anderen Hände als eure!«

Ich habe mich während der Arbeit an diesem Buch gefragt, wie ein Symbol für die »Kampfkunst des Herzens« aussehen könnte, und bat unsere Freundin Melina um Rat. Ohne den Inhalt dieses Buches zu kennen, zeichnete sie das hier wiedergegebene Bild. Es zeigt einen Menschen, der sein Herz öffnet und seine Gefühle fließen lässt. Die Energie der Emotionen berührt den Boden unter ihm, und dort, auf dem Fundament seines Lebens, kann Neues und Fruchtbares wachsen.

Das Pyramidentraining

1. Stufe: Zentrierung
Setz dich hin und schließ die Augen. Richte deinen Rücken gerade und öffne deine Hände.

2. Stufe: Akzeptanz
Verbinde dich mit deinem Alltag. Richte deinen Blick auf die Situationen, die zurzeit dein Leben ausmachen. Und dann lass das Gefühl der Akzeptanz in dir entstehen.

3. Stufe: Dankbarkeit
Richte deinen Blick auf das Gute und Schöne in deinem Leben. Schau auf das, was du liebst und was dich erfreut. Und dann lass die Dankbarkeit in dir entstehen.

4. Stufe: Gedankenleere
Lass nun alle Gedanken los, die noch da sind. Mach deinen Kopf leer.

5. Stufe: Mitgefühl
Erst wenn der Kopf leer ist, kann das Herz voll werden. Fülle dein Herz mit Mitgefühl.

6. Stufe: Licht
Stell dir nun vor, du bist umhüllt von Licht. Und dann lass dich fallen in das Licht.

7. Stufe: Leben
Öffne deine Augen, steh auf und lebe dein Leben!

Das Pyramidentraining ist die tägliche Übung der *Kampfkunst des Herzens*, unabhängig davon, ob das Leben gerade angreift oder nicht. Es dient der Prävention. Auch ein Aikido-Kämpfer trainiert seine Fähigkeiten nicht nur dann, wenn er im Streit angegriffen wird. Vielmehr sorgt das tägliche Training dafür, dass erst gar kein Streit aufkommt. Die Aura des Unbesiegbaren schreckt potenzielle Gegner ab.

Nun verspreche ich nicht, dass durch die tägliche Praxis des Pyramidentrainings weniger Angriffe des Lebens erfolgen werden, zumindest aber macht es uns innerlich stabiler und beugt somit emotionaler Überforderung vor. Ich stelle mir das Leben manchmal wie einen Ozean vor. Ich bin das Schiff auf der Fahrt über das weite Meer meines Lebens. Je nach Ausrichtung des Steuers nimmt das Schiff Kurs auf die eine oder die andere Erfahrung. Die Möglichkeiten sind unbegrenzt. Einmal am Tag gehe ich auf die Brücke und justiere das Steuerrad des Schiffes. Ich lenke meine Achtsamkeit in diese oder jene Richtung. Meine Achtsamkeit bestimmt darüber, welche Erfahrungen ich in meinem Leben mache. Der Zeitaufwand ist gering, wenige Minuten reichen aus. Die restliche Zeit des Tages verbringe ich an Deck und genieße die Fahrt.

Niemand kann den ganzen Tag über zentriert, dankbar und voller Mitgefühl sein. Aber jeder kann es einmal am Tag üben. Und so, wie eine schlechte Angewohnheit langfristig schaden kann, so wird eine gute Gewohnheit langfristig Nutzen bringen. Al Capone soll einmal gesagt haben, dass man mit einem freundlichen Wort mit Waffe mehr erreichen könne als mit einem freundlichen Wort ohne Waffe. Die Waffen der Kampfkunst des Herzens sind Akzeptanz, Dankbarkeit, innere Stille, Mitgefühl und Schöpferkraft. Nun war Al Capone nicht gerade bekannt als Coach für Mitgefühl und Lebensfreude, bestimmt aber wusste er sich durchzusetzen. Ich rufe nicht dazu auf, dem Weg des Mafioso zu folgen und kriminell zu werden, ganz im Gegenteil. Als Polizist habe ich lange Zeit gegen die Al Capones dieser Welt gearbeitet. Zumal der oft zitierte Satz »Verbrechen lohnt nicht« tatsächlich stimmt. Ich kann mich nicht erinnern, jemals einen lebensfrohen Menschen festgenommen zu haben. Zumindest im Augenblick der Verhaftung war es regelmäßig mit der Freude für den Betreffenden vorbei.

Für die (tägliche) Übung des Pyramidentrainings empfehle ich eine Variante, bei der die Wechsel zu den Stufen zwei bis sechs mit den Fingern auf folgende Weise begleitet werden:

- *Akzeptanz:* Leg beide Daumen aneinander, die restlichen Finger halten Abstand.
- *Dankbarkeit:* Leg auch deine Zeigefinger aneinander. Die Daumen und die Zeigefinger berühren sich.
- *Gedankenleere:* Leg auch die Mittelfinger aneinander. Daumen, Zeigefinger und Mittelfinger berühren sich.
- *Mitgefühl:* Leg auch die Ringfinger aneinander. Daumen, Zeige-, Mittel- und Ringfinger berühren sich.
- *Licht:* Leg auch die kleinen Finger aneinander. Alle Fingerspitzen berühren sich. Stell dir nun Licht zwischen deinen Händen vor. Dann heb deine Hände über deinen Scheitel und stell dir vor, wie das Licht aus deinen Händen von oben auf den gesamten Körper herabfließt.

Diese Alternative des Pyramidentrainings hat den Vorteil, dass die Übung sozusagen »ambulant« in den alltäglichen Situationen des Lebens genutzt werden kann. Nicht immer kann man sich auf der Stelle hinsetzen und eine Runde meditieren. Aber man kann unauffällig die Handhaltung verändern. Auf jeder Stufe wird ein Berührungsreiz gesetzt, der bei regelmäßigem Training einen Automatismus in Gang setzt.

Wenn ich beispielsweise in einer Situation merke, dass ich zu sehr mit etwas hadere, lege ich beide Daumen aneinander, und Akzeptanz stellt sich ein. Die zweite Fingerposition ist auf Dankbarkeit programmiert – und so weiter. Merke ich, dass ich zu kopflastig werde, lege ich drei Finger aneinander, und wenn ich eine Portion Mitgefühl generieren möchte, kommt die vierte Position hinzu. Brauche ich ein wenig Energie, fülle ich meine Hände in der fünften Position mit Licht und lege die Hände anschließend auf meinen Körper. Auch das kann unauffällig geschehen. Die Lichtdusche von oben könnte im Großraumbüro oder im Supermarkt fragende Blicke auslösen. Doch was soll's? Schließlich haben wir gelernt: Habe den Mut, ein Narr zu sein …

Resümee des vierten Kapitels

Lebenskrisen sind Voraussetzung für die spirituelle Weiterentwicklung, solange alles glattläuft, beginnt man nicht zu suchen. Erst in Krisenzeiten macht man sich auf die Suche nach der inneren Stabilität.

Die Anhäufung von esoterischem Wissen ist kein Zeichen von seelischem Wachstum, der spirituelle Weg führt in die Gefühle. Je mehr theoretisches Zeug du dabei mit dir rumschleppst, desto langsamer kommst du voran.

Spirituelles Wachstum führt dich nicht aus deinem Alltagsleben heraus, sondern tiefer hinein. Je länger du auf deinem Weg bist, desto bodenständiger wirst du werden.

Spiritueller Ehrgeiz blockiert die Weiterentwicklung, es gibt nichts zu »erreichen«. Die effizienteste Möglichkeit, Erleuchtung zu verhindern, ist, nach ihr zu suchen.

Du hast die Freiheit und darfst sie nutzen!

Du bist frei zu denken, was du denken möchtest.
Du bist frei zu sagen, was du sagen möchtest.
Du bist frei zu schweigen, worüber du schweigen möchtest.

Du hast die Freiheit und darfst sie nutzen!

Du bist frei hinzuschauen, wohin du schauen möchtest.
Du bist frei zu berühren, was du berühren möchtest.
Du bist frei, dich zu distanzieren, wovon du Abstand haben möchtest.

Du hast die Freiheit und darfst sie nutzen!

Du bist frei anzufangen, was du anfangen möchtest.
Du bist frei fortzuführen, was du fortführen möchtest.
Du bist frei zu beenden, was du beenden möchtest.

Du hast die Freiheit und darfst sie nutzen!

Du bist frei zu kämpfen, wofür du kämpfen möchtest.
Du bist frei, dich zu wehren, wogegen du dich wehren möchtest.
Du bist frei zu kapitulieren, wenn du aufgeben möchtest.

Du hast die Freiheit und darfst sie nutzen!

Du bist frei zu lieben, was du lieben möchtest.
Du bist frei zu gehen, wenn du gehen möchtest.
Du bist frei zu vergeben, was du vergeben möchtest.

Du hast die Freiheit und darfst sie nutzen.

Dank

Ich danke …

… Anke Notthoff und Monika Harder.

Ihr habt die Entstehung des Buches mitverfolgt und wart bereit, das unfertige Manuskript mehrmals zu lesen. Ihr habt mir wertvolle Hinweise gegeben!

… Stefanie Schremmer und Daniela Blobel.

Ich durfte euch immer wieder anrufen und euch um Rat fragen. Ihr habt mit mir gelitten und euch mit mir gefreut!

… den Teilnehmern der Ausbildungsgruppe zum Meditations- und Reiki-Lehrer 2011/12.

Ihr habt mich inspiriert, dieses Buch zu schreiben.

… Melina Tenbruck.

Du bist eine begnadete Malerin und eine wahre Kampfkünstlerin des Herzens. Lass deine Talente niemals verkümmern!

… Elke Hofgartner.

Du bist eine der besten »Lomi-Lomi-Nui«-Lehrerinnen. Bei dir haben Blockaden keine Chance.

Informationen …

… zu meinen Seminaren und Vorträgen:
www.petermichaeldieckmann.de
oder
www.lumenalba.de

… zu Lomi Lomi Nui (Tempelstilmassage, siehe Kapitel 2):
www.lomi-your-life.de

So lernen wir, sinnvoll mit Krankheit, Stress und Sorgen umzugehen.

Können wir so auf unseren Geist einwirken, dass wir unser Leiden mindern und unser Glück fördern? Lebenspraktisch und alltagsbezogen widmet sich der Autor diesen und anderen Fragen und zeigt, dass tiefgreifende Veränderung und Heilung möglich sind.

224 Seiten
ISBN 978-3-442-22015-1

www.goldmann-verlag.de
www.facebook.com/goldmannverlag

GOLDMANN
Lesen erleben